JN496210

<그리스도인이면 꼭 알아야 할 성경 지식>

미 카

야곱의 남은 자들을 예언한 미카

서울솔로몬학교 성경연수원

차 례

이 책에 인용된 성경 구절은 〈한글킹제임스성경〉입니다.

제1과

하나님의 심판을 초래한 이스라엘의 죄악들(1장)

『이것은 모두가 야곱의 죄과 때문이요, 이스라엘 집의 죄들 때문이라. 야곱의 죄과가 무엇이냐? 사마리아가 아니냐? 유다의 산당들이 무엇이냐? 그것들은 예루살렘이 아니냐?』(미 1:5)

"미카"는 어떤 책인가?

"미카"는 기원전 720-680년경 "모라셋인 미카"가 기록했다. "미카"는 그 이름의 뜻이 "여호와께서 사랑하시는 자" 또는 "누가 '여호와'와 같은가?"이다. 선지자 미카가 활동했던 시기를 보면, 북왕국 이스라엘의 경우 프카히야, 페카, 호세아의 통치 기간에 해당하고, 남왕국 유다로 보면, 요담, 아하스, 히스키야의 시대에 예언했다(미 1:1, 렘 26:18,19 vs. 미 3:12). 미카는 선지자 이사야와 동시대에 활동했는데(사 1:1), 차이가 있다면, 이사야가 본 환상은 남왕국 유다와 유다의 수도인 예루살렘에 관한 것인 반면, 선지자 미카는 예루살렘뿐 아니라 북왕국 이스라엘의 수도인 사마리아에 관해서도 예언했다.

<u>미카는 "초림과 재림"에 관해 예언했다</u>. **『그러나 너 베들레헴 에프라타야, 네가 비록 유다의 수천 가운데서 작을지라도 이스라엘을 통치할 자가 너로부터 내게로 나오리라. 그의 나오심은 예로부터요, 영원부터였느니라』**(미 5:2). 이것은 "초림" 당시 예수 그리스도께서 "베들레헴"에서 태어나신다는 예언이지만, 그분께서 "이스라엘의 통치자"이심을 강조함으로써 "재림"도 예언하고 있다. <u>미카는 남왕국 유다와 북왕국 이스라엘의 죄악을 책망하면서 그들의 멸망을 예언했고, 그와 더불어 "마지막 날들"에 있을 그들의 회복도 선포했다</u>. 특히 "우상 숭배"에 대해 강하게 질책했는데, 우상 숭배가 횡행했던 장소들, 곧 "산" 또는 "산당" 그리고 "성읍들"을 중심으로 책망했다. 더 나아가서는 "우상 숭배의 죄" 때문에 이방 왕국들에 의해 나라가 멸망하고 포로로 사로잡혀갈 것이라고 예언했으며, 이러한 예언은 "앗시리아"와 "바빌론"에 의해 이루어진 "역사적인

파괴"에만 국한되지 않고, 장차 "대환란 기간"에 "적그리스도"에 의해 일어날 파괴와 멸망에도 적용된다.

또한 미카는 그렇게 백성들의 멸망을 선포하면서도, 결국은 하나님께서 "남은 자들"(remnants)을 중심으로 이스라엘 민족을 구원하시고 회복하시겠다는 메시지와 "메시아 왕국의 영광"도 선포했다. 특히 "메시아를 통해 구원하시는 모습"을 "목자가 이스라엘의 흩어졌던 양 무리를 치시고 이끄시는 모습"으로 제시했다. 그만큼 미카는 적은 분량의 소선지서임에도 불구하고 "다양한 주제의 예언들"을 다루고 있다. 미카의 주제는 "대환란 기간에 남은 자들을 통한 이스라엘의 회복과 왕국의 위대함"이다.

"우상 숭배"에 대한 책망과 심판(1-4절)

『유다의 왕들, 요담과 아하스와 히스키야의 날에 모라셋인 미카에게 임한 **주**의 말씀으로 그가 사마리아와 예루살렘에 관하여 본 것이라. 너희 모든 백성들아, 들으라. 오 땅과 거기에 있는 모든 것들아, 경청하라. 주 **하나님**으로 너희를 거슬러 증인이 되게 하되, 주께서 그의 거룩한 전으로부터 그리하시게 할지라. 보라, **주**께서 그의 처소에서 나오시며 내려오시어 땅의 산당들을 밟으실 것이요, 산들이 그분 아래서 녹고 골짜기들이 갈라지되 불 앞에 밀초같이 비탈에 쏟아져 내리는 물같이 되리니』(미 1:1-4).

"심판받는 순서"를 보면, "사마리아"가 먼저 심판을 받고, 그다음 "예루살렘"이 멸망한다(1절). 둘 다 "북쪽"으로부터 오는 이방 왕국들의 침공을 받을 것인데(렘 1:14,15), 사마리아는 "앗시리아"에 의해 B.C. 721년경에 멸망하고, 예루살렘은 "바빌론"에 의해 B.C. 587년에 완전히 함락된다. "미카"는 그 예언이 기본적으로 "하나님의 백성인 이스라엘"을 향한 심판에 초점을 맞추면서도, "이 땅의 모든 나라들, 모든 민족들, 모든 백성들"을 향해서도 경고하고 있다(2절). 장차 대환란과 재림 때 임할 극심한 "재앙들"은 유대인들과 이스라엘 땅을 심판하기 위한 것에 주된 목적이 있지만, 동시에 이 땅에 있는 모든 민족들과 나라들을 심판하는 재앙들이기도 하다. 한편 『**거룩한 전**』(2절, 욘 2:7, 합 2:20)은 "하늘의 성전"(계 15:6,8)을 가리키는데, 이는 『**주께서 그의 처소에서 나오시며 내려오시어**』(2절)라고 말씀하기 때문이다. 이 땅에 내려오셔서 팔레스타인 땅뿐 아니라, 그 주변 국가들과 온 세상을 심판하실 것이다(3,4절). 이러한 심판은(3,4절) 역사적으로 앗시리아나 바빌론 침공 때 일어나지 않았고, 대환란 기간 끝 무렵인 재림 때 이 땅에서 "실제적이고, 문자 그대로" 일어나게 된다(계 6,9,14,16장).

한편 미카는 "산을 향한 심판"과 연관해서 "우상 숭배"를 책망했는데, 특히 우상 숭배가 행해진 "장소들"을 책망했다. 선지자 호세아나 아모스도 우상 숭배 장소들"을 책망했는데, 다만 그들이 "벧엘의 금송아지"를 책망한 반면, 미카는 "산당들"을 중심으로 책망했다(미 1:3,5; 3:12; 5:14). 산당들은 이스라엘 백성들을 가장 많이 망가트린 뿌리 깊은 죄였다. 히스키야(왕하 18:4)와 요시야(왕하 23:8,9) 때 산당들이 잠시 근절되기는 했어도, 남왕국 유다가 바빌론 포로로 사로잡혀갈 때까지 끈질기게 지속되었던 죄였다. 이에 하나님께서는 이방 민족들을 통해 산당들을 근절시키셨다(미 1:7; 3:12). 그래도 미카가 그들의 죄를 책망했을 당시에는 왕과 통치자들과 재판관들이 미카의 경고를 듣고 하나님을 두려워한 결과 그들을 향한 심판이 잠시 유보될 수 있었다(렘 26:18,19). 하지만 그로부터 수년 뒤에 예레미야가 똑같은 메시지를 경고했을 때는 듣는 사람도, 그 죄들로부터 돌이키는 사람도 없었다. 결국 바빌론의 "느부캇넷살 왕"

이 들어와서 그러한 산당들을 정리해 버렸다(렘 52장). 이것이 바로 "하나님의 방법"인데, 자기들 스스로 죄들을 근절하지 않고 그 죄들에서 돌이키지 않으면, 하나님께서는 "특단의 조치"를 내리시는 것이다. 하나님께서 조치를 취하실 때까지 고집하지 않는 것이 "현명한 처사"이다.

그런데 이러한 심판은 "느부캇넷살을 통한 파괴"에만 국한되지 않고 재림 때 일어날 사건에도 적용된다. 『**보라, 주께서 그의 처소에서 나오시며 내려오시어 땅의 산당들을 밟으실 것이요, 산들이 그분 아래서 녹고 골짜기들이 갈라지되 불 앞에 밀초같이 비탈에 쏟아져 내리는 물같이 되리니**』(3,4절). 이처럼 재림 때에야 비로소 "고질적인 죄"였던 "산당들"뿐 아니라 이스라엘의 모든 "우상 숭배의 잔재"가 완전히 없어질 것이다. 이러한 심판을 위해 재림하시는 예수 그리스도께서는 땅의 산당들을 밟으실 것이고, 그날에 산들은 그분의 발아래서 녹아내리고 골짜기들은 갈라질 것이다. 즉 지진이나 산사태 같은 지각 변동이 일어나는 것이다(슥 14:4). **한편 예수 그리스도의 재림과 관련하여 "산들"은 중요하게 다뤄지는데, 재림하시는 주님께서 "산들"을 밟으시면서 "재림의 경로"를 지나오실 것이기 때문이다**. 우선 "시내 산"으로 내려오실 것이고, 이후 "보스라"와 "에돔"을 통과하실 때는 "세일 산"을 지나실 것이며, 종국에는 예루살렘 동편에 있는 "올리브 산"에 서실 것이다(슥 14:4, cf. 시 121:1).

■ 새롭게 깨달았거나 적용할 내용이 있다면 적어 보세요. ■

이스라엘이 심판받는 이유 1 (5-16절)

『이것은 모두가 야곱의 죄과 때문이요, 이스라엘 집의 죄들 때문이라. 야곱의 죄과가 무엇이냐? 사마리아가 아니냐? 유다의 산당들이 무엇이냐? 그것들은 예루살렘이 아니냐? 그러므로 내가 사마리아를 들의 무더기같이, 포도원의 밭같이 만들 것이라. 또 내가 골짜기에 그 돌들을 부을 것이요, 거기서 그 기초들을 드러내리라. 내가 그곳의 모든 새긴 형상들을 부수어 조각내고 모든 음행의 대가들을 불사르며 그곳의 모든 우상들을 황폐케 하리니, 이는 그녀가 창녀의 몸값으로 그것을 모았으니 그것들이 창녀의 몸값으로 돌아가게 될 것임이라』(미 1:5-7).

이스라엘 백성이 심판받는 이유는 무엇인가? 그들은 "벧엘"의 금송아지 숭배를 위시하여(왕상 12:28,29, 호 8:5) 여러 가지 우상들을 숭배했고(5,7절, 5:13), 다른 사람들의 재산을 빼앗았으며(2:2), 거짓으로 예언했고(2:11), 잔인한 폭력을 휘둘렀으며(3:1-3), 불의한 일을 행했고(3:9-11), 부모를 존경하지 않았으며(7:6), 돈을 사랑했다(6:10-13). 결국 그들은 극심한 심판을 받게 되는데, 사마리아 성읍이 『**들의 무더기**』(6절)나 『**포도원의 밭같이**』(6절) 앗시리아에 의해 완전히 파괴되는 것이다. 심지어 『**기초들**』(6절)이 완전히 드러나기도 했는데, 이것은 A.D. 70년, 로마의 "티투스 장군"에 의해 "예루살렘 성전의 기초들"이 드러난 것을 상기시켜 준다. 예루살렘 성전이 "돌 위에 돌 하나도 남지 않고" 기초들까지 완전히 다 무너져 버린 것이다(막 13:2, 눅 21:6).

또한 하나님께서는 『**모든 음행의 대가들을**』(7절) 불사르겠다고 말씀하시는데, 이것은 이스라엘 백성이 "국가적인 매춘"(7절)을 통해 거두어들인 "대가들"을 불사르시는 것을 의미한다. 그뿐 아니라 『**그것들이 창녀의 몸값으로 돌아가**

게 될 것임이라.』(7절)라는 말씀처럼, 간음과 음행의 죄들로 찌들어 있던 이스라엘을 "창녀"로 불리는 "니느웨"(나 3:4), 곧 "앗시리아"로 사로잡혀가게 하실 것이다. 특히 "벌거벗은 채"로 사로잡혀 갈 것인데(8절), 그날에 그들은 "용들"과 "올빼미들"로 상징되는 "마귀들"처럼, 장차 "불못"에서 통곡하고 애통할 "마귀들"처럼 통곡하고 애통할 것이다. 그리고 이러한 통곡과 애통은 "대환란 기간"에 절정에 달할 것이고, 결국 대환란 기간에 끝까지 견디지 못하고 적그리스도와 그의 형상에 절하고 경배함으로 구원을 잃어버린 유대인들은 영원한 불못에서 "용들"과 "올빼미들"처럼 영원무궁토록 통곡하고 애통할 것이다.

이렇듯 모든 백성이 통곡하고 애통할 정도의 극심한 심판과 멸망 그리고 그로 인한 상처가 임하는 것인데, 이방 민족에 의한 파멸과 고쳐질 수 없는 상처가 북왕국 이스라엘의 "사마리아"를 거쳐(6절) 남왕국 "유다," 곧 "예루살렘 성문"에까지 이를 것이다(9절). 실제로 앗시리아 왕 "살만에셀 5세"로 인해 북왕국 이스라엘과 사마리아가 멸망하고, 이후 앗시리아 왕 "산헤립"에 의해 그 멸망은 예루살렘에까지 이르게 된다. 한편 앗시리아와 바빌론에 의해 사마리아와 예루살렘에 저질러진 끔찍한 살육으로 인한 손실과 고쳐질 수 없는 상처를 "필리스티아인들"의 성읍들 중 하나인 "가드"에게 알리지 말라는 경고가 주어지고(10절), 또 살육으로 인한 파멸과 사로잡힘으로 인해 슬피 울며 눈물을 흘릴 겨를조차 없으니 "울지 말라"는 명령이 내려진다(10절). 오직 그 심판을 초래한 죄악들로 인해 탄식하고 회개해야 하는데, 이에 그들에게는 『**아프라의 집에서 티끌 가운데 네 몸을 굴리라.**』(10절)라는 명령이 주어진다.

그런 가운데 "사필"의 거민들은 벌거벗겨진 채 포로로 사로잡혀가고(11절), "사아난"에 있는 사람들은 적들의 공격으로 "벧에셀"이 파괴되는 동안 애통해 한다(11절). 또한 "마롯"에 있는 사람들이 조심스럽게 복을 바랐을 때, "복"은 임하지 않고 재앙이 임했으니 예루살렘 성문에까지 재앙이 임했다(12절). 그 무렵 "라키스"의 거민들은 앗시리아의 공격에 대비하여 "병거"를 준비했지만, 구원은 주님께 속한 것이기에 “빠른 짐승”도, 그 짐승에게 맨 “병거”도 심판과 멸망이 정해진 국가나 도시, 특히 “라키스”를 구할 수 없었다(13절). 한편 “라키스”는 “필리스티아 접경 지역”에 있었기에, 남왕국 유다는 필리스티아인들로부터 들어오는 우상들과 그에 따른 죄들을 피하기가 어려웠다(13절). 분명 라키스는 적들의 강력한 공세로 인해 도움을 청하고자 “모레셋가드”에게 뇌물을 보낼 것이지만 아무것도 얻지 못한다(14절). “악십”도 도움을 약속하지만, 결국 그 약속은 거짓으로 판명되고 만다(14절).

『그러나 오 마레사 거민아, 내가 너에게 한 상속자를 데려오리니』(15절). **『한 상속자』**는 문맥적으로 앗시리아의 “산헤립”을 가리키지만, 예언적으로는 재림하시는 “예수 그리스도”를 언급한다. 이는 예수 그리스도께서 이스라엘의 상속자요, 만물의 상속자이시기 때문이다. 따라서 **『한 상속자』**가 앗시리아의 “산헤립”을 의미하든, 재림 때의 “예수 그리스도”를 의미하든지, 그가 **『이스라엘의 영광인 아둘람에』** 이르게 된다. “아둘람 굴”은 다윗의 시대에 난공불락의 요새였는데, 요새화된 도시인 “아둘람”은 “이스라엘의 영광”이라 불릴 만하다. **『너는 네 기뻐하는 자식들을 위하여 네 머리를 깎아 대머리 같게 하라. 네 벗겨짐을 크게 하여 독수리처럼 할지니 이는 그들이 네게서 떠나 사로잡혀갔음이라.』** 이것은 “자식들”을 빼앗기고, 잃어버리고, 사로잡혀 가게 한 일로 인해 처절하게 울부짖는 이스라엘 백성의 모습을 보여 준다. 이렇듯 이스라엘 백성에게 임한 모든 슬픔과 재앙과 멸망과 심판은 그들의 “죄들” 때문에 주어졌다. 어떤 재앙도 우연히 일어나지 않는다! 재앙의 원인 대부분이 바로 그 “죄”에 있는 것이다.

■ 새롭게 깨달았거나 적용할 내용이 있다면 적어 보세요. ■

NOTES

NOTES

제2과

이스라엘의 심판과 회복(2,3장)

『오 야곱아, 내가 반드시 네 모든 자들을 모으리라. 내가 반드시 이스라엘의 남은 자를 모으리라. 내가 그들을 보스라의 양같이 모으며 그들의 우리 가운데 있는 양떼처럼 함께 모으리라. 그 모인 사람의 수가 많음으로 인하여 그들이 큰 소리를 내리라』(미 2:12).

이스라엘이 심판받는 이유 2 (2:1-11)

『죄악을 꾀하고 자기들의 침상에서 악을 행하는 자들에게 화로다! 아침이 밝으면 그들이 그것을 실행하리니, 이는 그것이 그들 손의 능력에 있음이라. 그들은 밭들을 탐내어 그것들을 폭력으로 취하고 집들도 탐내어 빼앗아 감으로써 사람과 그의 집을 억압하고 사람과 그의 유산까지도 억압하는도다』(미 2:1,2).

이스라엘을 향한 심판은 계속된다. 이는 그들이 죄를 회개하지 않고 죄에서 돌이키지 않았기 때문이다. 미카 2장에서는 1장에 이어 계속해서 "하나님의 진노의 심판"을 자초한 이스라엘의 "죄악"에 대해 책망하고 있다. 그들은 죄악을 꾀하고, 자기들의 침상, 곧 밤에 잠자리에 들면서 악을 행하고, 또 아침이 밝아올 때도 악을 실행하는데, 이는 그들의 "손의 능력"에 "악"이 있기 때문이다. 그들은 부와 권력을 쥐고 있는 자들로서 그들의 손에는 능력이 있는데, 자기들의 "손의 능력"을 이용하여 악한 일을 자행했으니, 탐욕스럽게 가난한 자들의 밭들을 탐냈고, 또 그런 탐욕 속에서 가난한 자들의 밭들을 폭력으로 탈취했던 것이다(cf. 왕상 21장). 그뿐 아니라 "집들"까지 탐내어 빼앗아 갔고, "사람"과 "그의 집"과 "유산"까지 억압했다.

결국 이러한 죄악들로 인해 하나님께서는 그들에게 내릴 "재앙"을 계획하시는데, "때가 악한 이 시기"에 그들의 "목"에 목을 움직이지 못하게 만드는 "멍에"를 씌우시는 것이다(3절, 렘 28:10-17). 그렇게 하심으로 그들의 "오만함"을 꺾어 버리신다. 심지어 그들이 탐욕스럽게 강탈한 땅이나 그들의 가진 본래의 땅과 분깃을 잃어버리게 하시고, 또 그들로 하여금 "완전히 망한 자들"이 되도록 하신다(4,5절). 다시 말해 그들이 소유한 밭들을 나누어 다른 사람들, 특히 가난한 자들에게 주시는 것이다. 흔히 "줄"(cord)로 땅 전체를 측량하고 나면, 그 땅을 "누가 얼마만큼 소유할 것인가"를 결정하기 위해 "제비"(lot)가 던져진다. 하지만 가난한 자들을 억압하고 박해하고 그들의 밭들과 집들을 강탈한 부유한 악인들을 위해서는 "제비"가 던져지지 않는다. 그들을 위해 "줄"이 띄워지지 않는다. 이스라엘 땅에서는 더 이상 그들을 위한 어떤 몫도 주어지지 않는다. 땅을 분배받지 못하는 것이다. 이런 비극은 재림 때 이 땅에 세워질 "천년왕국 기간"에도 적용할 수 있는데, 대환란 기간에 적그리스도의 편에 서서 짐승의 표를 받고 사고팔아 부자가 된 사람들, 특히 가난한 이웃들을 압제하고 억압했던 부자들, 가난한 이웃을 돌보기는커녕 그들의 밭들과 집들을 강탈한 부자들은 천년왕국에서 땅을 분배받지 못하는 것이다.

『그들이 예언하는 자들에게 말하기를 "너희는 예언하지 말라. 예언하는 자들이 그들에게 예언하지 않아야 수치를 당하지 아니하리라." 하는도다』(미 2:6).

자신의 손에 있는 부와 권력을 가지고 악을 행하는 자들은 그들의 죄들을 책망하는 선지자들의 경고와 그들에게 다가올 심판에 관한 예언을 들으려 하지 않는다. 그러면서 죄들을 책망하고 정직하게 말하는 자를 미워하고 증오한다. 그런 자들 앞에서는 말씀을 전파하고 예언하는 사람만 수치를 당하고 어리석게 된다(호 9:7). 결국 『**총명한 자**』(암 5:13), 곧 하나님께서 보내신 선지자들이 아예 침묵을 지키고 마는데, 이는 그들의 조언을 들으려 하는 사람이 없기 때문이다. 『**말씀을 멸시하는 자는 누구라도 멸망할 것이나, 계명을 두려워하는 자는 보상을 받으리라**』(잠 13:13). 이처럼 하나님의 말씀을 멸시하는 자들에게는 그들을 치유할 수 있는 어떤 방법도 남아 있지 않으며, 오직 그들을 향한 진노의 심판만 남아 있을 뿐이다.

『오 너 야곱의 집이라 불리는 자야, **주**의 영이 엄격하시냐? 이것들이 그의 행하심이냐? 정직하게 행하는 자에게 내 말이 유익이 되지 아니하겠느냐?』(미 2:7)

『**이것들**』(7절)은 앞선 1-4절에 언급된 "죄악들"을 가리킨다. 다시 말해 주님께서는 이렇게 묻고 계시는 것이다. "그런 악행들이 주님께서 행하시는 일이겠느냐?" 물론 주님께서는 그러실 분이 아니다. 하지만 그런 악행들을 행하는 사마리아와 북왕국 이스라엘을 파괴시키시는 것은 엄연히 하나님께서 하시는 일이다. 죄악을 저지르고 하나님의 말씀을 멸시하는 자들에게는 주의 영께서 매우 엄격하게 자신을 제한하시어 진노의 심판을 내리시기 때문이다. 하지만 정직하게 행하는 자들에게는 하나님의 말씀이 유익을 준다.

"이스라엘의 죄악"에 대한 책망은 8-11절에서도 계속 이어지는데, 그들은 원수처럼 일어나서 "안전하게 지나가는 백성들"의 겉옷과 속옷을 빼앗아 알몸이 되게 했으며(8절), 과부들을 쫓아내고 그들의 자녀들로 하여금 유산을 잃게 만들었다(9절). 결국 하나님께서는 이스라엘 백성에게 주어진 "약속의 땅"이 "그들의 죄악" 때문에 더 이상 "안식의 땅"이나 "안식처"가 되지 못하고, 크게 멸망을 받아 마땅할 정도로 더럽혀진 땅이라고 경고하신다(10절). 특히 주님께서는 『**영과 거짓으로 행하는 어떤 사람이 거짓말을**』(11절) 할 때, 곧 거짓말로 예언할 때, 그들을 백성들의 선지자가 되도록 허락하셔서 그들의 거짓말을 듣는 백성들을 속이실 것이다. 이것 역시 "정직하게 행하는 자들에게는 유익을 주는 하나님의 말씀들"을 "거부한 자들"이 받을 또 하나의 심판이자 저주이다!

▪ 새롭게 깨달았거나 적용할 내용이 있다면 적어 보세요. ▪

이스라엘이 심판받는 이유 3 (3:1-12)

『또 내가 말하였도다. 오 야곱의 우두머리들과 너희 이스라엘 집의 통치자들아, 내가 너희에게 청하노니, 들으라. 공의를 알아야 하는 자가 너희가 아니냐? 너희가 선을 미워하고 악을 사랑하고 그들에게서 가죽을 뜯어내며 그들의 뼈에서 살을 뜯어내고, 너희가 또 내 백성의 살을 먹고 그들에게서 가죽을 벗겨 내는도다. 그들이 백성의 뼈를 부수어 잘게 다지기를 마치 솥과 가마솥 안에 넣을 고기처럼 하는도다』(미 3:1-3).

"공의"를 저버린(1절) 이스라엘의 통치자들은 백성들을 혹독하게 다루고 압제했다(2,3절). **『가죽을 뜯어내며... 뼈에서 살을 뜯어내고... 내 백성의 살을 먹고... 가죽을 벗겨 내는도다... 백성의 뼈를 부수어 잘게 다지기를 마치 솥과 가마솥 안에 넣을 고기처럼 하는도다』**(2,3절). 이것은 "예언적으로" 대환란 기간에 실제로 일어날 사건인데, "적그리스도"가 "인간을 제물로 바치라"고 지시하면서 "피의 제사"를 요구할 것이다. 적그리스도의 제사장들은 짐승이 아닌 "사람들," 특히 짐승의 표나 짐승의 숫자를 받지 않았다는 이유로 참수형을 당한 유대인들을 "환란 성전"의 번제단 위에 희생제사로 드릴 것이고, 바로 그 유대인들의 살을 먹고 그들의 피를 마실 것이다(계 16:6). 끔찍한 "인신 제사"와 "식인 행위"가 벌어지는 것이다.

『다른 신을 급히 좇는 자들의 슬픔이 커지리니 나는 그들이 바치는 피의 술 제물을 바치지 아니하고 그들의 이름들도 내 입술에 두지 아니하리라』(시 16:4). **『정녕, 그들이 자기 아들들과 자기 딸들을 마귀들에게 제물로 바쳐 무죄한 피, 즉 자기 아들들과 자기 딸들의 피를 흘려 카나안의 우상들에게 제물로 바쳤으니 그 땅이 피로 오염되었도다』**(시편 106:37,38). "멸망의 아들"이라 불리는 적그리스도는 세상 전면에 등장하여 예루살렘 성전 안, "지성소의 자비석" 위에 앉아 하나님으로 자처할 것이고(살후 2:3,4), "유대인들"을 희생제물로 받을 것이다. 그런 가운데 유대인들이 흘린 실제 피를 통해 "로마카톨릭 미사"를 대대적으로 집전할 것이다. 그러면서 "영적인 의미"(요 6:63)로 말씀하신 예수 그리스도의 가르침을 "문자적인 의미로" 왜곡하면서 요한복음 6:54-56을 아주 경건한 모양으로 낭독하게 될 것이다. 『**내 살을 먹고 내 피를 마시는 자는 누구든지 영원한 생명을 가졌나니 내가 그를 마지막 날에 살리리라. 이는 내 살은 참된 양식이요, 내 피는 참된 음료임이라. 내 살을 먹고 내 피를 마시는 자는 내 안에 거하며 나도 그 사람 안에 거하느니라.**』

하나님께서는 악행을 저지른 백성들의 부르짖음을 듣지 않으시는데(4절), 이것 또한 일종의 "심판"으로, 그들이 행한 악한 행실에 따라 그들에게서 그분의 얼굴을 숨기시는 것이다(잠 1:24-29). 또한 백성들을 잘못된 길로 인도하고 있는 "거짓 선지자들"은 "평화"가 없는데도 계속해서 "평화"를 외쳤고, 또 그러면서도 『**자기들의 입에 넣어 주지 않는 자에 대해서는**』(5절) 전쟁을 준비했으니, 곧 자기들의 입에 먹을 것을 넣어주는 자들을 위해서만 "정중한 말과 그럴듯한 언변"으로 좋은 말을 해 주었던 것이다. 이들은 오늘날로 보면 먹고살기 위해 사역하는 설교자들이고, 생계를 위해 주님을 섬기는 목사들이다(롬 16:18).

결국 이런 자들에게 심판이 임하는데, 그들이 "아무것도 깨닫지 못하는 것"이다(6,7절). 환상을 봐야 할 선지자가 환상을 보지 못한다. 낮은 지나가고 밤이 이른다. 빛은 물러가고 어두움이 엄습해 온다. 해는 지고 낮이 어두움으로 바뀌는 것이다. 선견자들은 보지 못해 부끄러움을 당하고, 점치는 자들은 점을 치지 못하여 수치를 당하게 된다. 그들 모두 자기들의 입술을 다물어야 하는데 그들을 위해 하나님께서 어떤 응답도 하지 않으시기 때문이다. 한편 선지자 미카는 『**주의 영에 의하여 권능과 공의와 능력으로 충만**』(8절)한 상태에서 백성들의 죄의 실상을 담대하게 알리고 있다. 『**너희 야곱 집의 우두머리들과 이스**

라엘 집의 통치자들, 곧 공의를 싫어하고 모든 공평을 왜곡하는 자들아, 내가 너희에게 간구하노니 이것을 들으라』(9절). 이것이 바로 죄악으로 가득 찬 "이스라엘 백성들"의 현주소다.

『그들이 시온을 피로, 예루살렘을 죄악으로 세우는도다. 그 우두머리들은 뇌물을 바라고 재판하며 그 제사장들은 삯을 바라고 가르치고 그 선지자들은 돈을 바라고 점을 치는도다. 그러면서 그들은 **주**께 의지하며 말하기를 "**주**께서 우리 가운데 계시지 아니하냐? 재앙이 우리에게 임하지 아니하리라." 하는도다』(미 3:10,11).

"피"는 "피"를 부르기 마련이다(10절, 민 35장). 그들은 "피"와 "죄악"을 통해 그들이 거주하고 있는 "시온," 곧 "예루살렘"을 가득 채웠고, "우두머리들"은 "뇌물"을 바라면서 재판했고, "제사장들"은 삯을 바라면서 백성들을 가르쳤고, "선지자들"은 돈을 바라면서 점을 쳤다. 그런 죄를 지었으면서도, 그들은 양심이 화인 맞은 나머지 **『주께 의지』**(11절)한답시고 **『주께서 우리 가운데 계시지 아니하냐? 재앙이 우리에게 임하지 아니하리라.』**(11절)라고 착각했다. 하지만 주님은 죄악을 행하는 이스라엘 가운데 절대로 계시지 않는다. 그래서 그들 위에 내려진 재앙이 끊이지 않고 일어나는 것이다. 결국 하나님께서는 이런 민족과 국가를 심판하실 것인데, **『시온이 너희로 인하여 밭같이 쟁기질당할 것이요, 예루살렘이 무더기같이 되고 그 전의 산은 숲의 산당들같이 되리라.』**(12절)라고 경고하신다.

■ 새롭게 깨달았거나 적용할 내용이 있다면 적어 보세요. ■

이스라엘의 회복(2:12,13)

『오 야곱아, 내가 반드시 네 모든 자들을 모으리라. 내가 반드시 이스라엘의 남은 자를 모으리라. 내가 그들을 보스라의 양같이 모으며 그들의 우리 가운데 있는 양떼처럼 함께 모으리라. 그 모인 사람의 수가 많음으로 인하여 그들이 큰 소리를 내리라. 길을 여는 자가 그들을 앞서 올라오면 그들이 흩어져서 성문을 통과하여 거기서 뛰쳐나갔으니, 그들의 왕이 그들을 앞서 지나가며 **주**께서 그들의 선두로 가시리라』(미 2:12,13).

죄악으로 가득 찬 이스라엘은 반드시 그들의 죄악으로 인해 멸망당할 것이지만, 종국에는 "남은 자들"(Remnants)을 중심으로 회복된다. "남은 자들의 교리"는 "미카"의 핵심 주제다. "미카"는 소선지서 중에서 "남은 자들의 교리"를 가장 많이 언급하고 있는데(6회 - 2:12; 4:7; 5:3; 5:7; 5:8; 7:18), 그만큼 "남은 자들에 관한 예언의 비중"이 크다. 장차 대환란 기간에 적그리스도의 박해를 견뎌 내면서 끝까지 믿음을 지킨 "남은 자들"을 주 하나님께서 모으실 것인데, 재림 때 이들을 중심으로 『**온 이스라엘이 구원을**』(롬 11:26) 받게 된다.

특히 "미카"는 "남은 자들에 관한 교리"를 언급하면서 "양과 목자"의 관계를 제시하는데, 목자인 왕께서 이스라엘의 양 무리를 이끄시는 것이다. 신약적인 관점에서는 "목자와 양의 관계"가 예수 그리스도와 교회의 관계로 설정된다(시 23:1). 한편 만왕의 왕이요, 만주의 주이신 예수 그리스도께서는 이 땅에 돌아오시는 날, 곧 재림 때에 "남은 자들"의 선두에 서실 것이다(13절). 주님께서는 『**그들의 왕**』(13절)으로 나타나실 뿐 아니라 "그들의 목자"(12절)로 나타나실 것이다. 특히 재림 때 예수 그리스도께서는 예루살렘의 동문을 통과하실 것인데,

"흰 말"(계 19:11)을 타고 통과하실 것이며, 또 양떼는 천년왕국 때 주님의 양떼가 되고 이들은 화평 가운데 누울 것이다(겔 34:25-28). 이것이 바로 예언이다. 예언은 미리 기록된 역사이기에 때가 되면 반드시 이루어질 것이다. 여기에는 한 치의 오차도 없다. 따라서 그러한 예언을 믿지 못하는 사람들만 손해를 본다. 다시 말해 하나님께서는 반드시 이스라엘을 회복시키실 것이다!

■ 새롭게 깨달았거나 적용할 내용이 있다면 적어 보세요. ■

NOTES

제3과

대환란과 재림에 관한 예언들(4장)

『그러나 그들은 **주**의 생각들을 알지 못하며 그의 계획을 깨닫지 못하나니 이는 그가 그들을 타작마당의 곡식단처럼 모으실 것임이라』(미 4:12).

시온 산에서 영원무궁토록 치리하시는 주(1-7절)

『그러나 마지막 날들에 **주**의 전의 산이 산들의 정상에 세워질 것이요, 그 산은 작은 산들 위에 높여지고 백성들이 그곳으로 몰려들리라. 많은 민족들이 와서 말하기를 "오라, **주**의 산과 야곱의 하나님의 전으로 올라가자. 그가 우리에게 그의 길을 가르치시리라. 우리가 그의 길에서 행하리라." 하리니 이는 율법이 시온에서 나오고 **주**의 말씀이 예루살렘으로부터 나올 것임이라. 그가 많은 백성 가운데서 심판하시며 먼 곳의 강한 민족들을 책망하시리라. 또 사람들은 그들의 칼들을 쳐서 보습을 만들고 그들의 창들을 쳐서 낫을 만들 것이라. 민족이 민족을 대적하여 칼을 들어올리지 아니할 것이며, 그들이 더 이상 전쟁을 배우지 아니하리라』(1-3절).

본문은 이스라엘 민족이 팔레스타인 땅으로 돌아가 실제적이고 정치적인 국가를 회복하는 일을 다룬다. "이사야 2:2-4"의 문맥도 본문과 거의 유사하다. **『마지막 날들에 주의 전의 산이 산들의 정상에 세워질 것이요, 작은 산들 위에 높아지리니 모든 민족들이 그곳으로 몰려들 것이라. 많은 백성이 가며 말하기를 "너희는 오라, 우리가 주의 산에, 야곱의 하나님의 전에 올라가자. 그리하면 그가 그의 길을 우리에게 가르치실 것이며, 우리는 그의 길에서 행하리니 이는 율법이 시온에서 나오며, 주의 말씀은 예루살렘으로부터 나올 것임이라." 하리라. 그가 모든 민족들 가운데서 심판하시며, 많은 백성을 책망하시리니 그들이 자기 칼들을 두들겨서 보습을 만들며, 자기 창들을 두들겨서 낫을 만들 것이요, 민족이 민족을 대적하여 칼을 들어올리지 아니할 것이며, 그들이 더 이상 전쟁을 배우지 아니하리라』**(사 2:2-4). "창을 두들겨서 낫을 만들고 민족이 민족을 대적하여 칼을 들어올리지 않는" 것은 요엘 3장의 아마겟돈 전쟁이 있은 뒤에 수립될 천년왕국에 관한 묘사이다. 『너희는 이것을 이방인들 가운데 선포하라. 전쟁을 예비하며 용사들을 깨우고 모든 전사들로 가까이 오게 하며 그들로 올라오게 하라. 너희 보습을 쳐서 칼을 만들고 너희 낫을 쳐서 창을 만들라. 약한 자로 '나는 강하다.'라고 말하게 하라. 너희 모든 이방들아, 모여서 오라. 다 함께 주위에 모이라. 오 **주**여, 주의 용사들로 그곳으로 내려오게 하소서. 이방으로 깨어서 여호사밧 골짜기로 올라오게 하라. 이는 내가 거기에 앉아서 주위의 모든 이방을 다 심판할 것임이로다』(욜 3:9-12). 요엘서의 이 말씀은 예수 그리스도의 재림 때에 있을 아마겟돈 전쟁(계 19장)과 그 뒤에 있을 민족들의 심판(마 25장)에 관한 예언으로, 아마겟돈 전쟁 때에는 민족들이 보습과 낫으로 무기를 만들어 주님을 대적할 것이지만, 재림 뒤에는 정반대가 되어 더 이상 전쟁을 하지 않게 된다.

『마지막 날들』(1절)은 "왕국 복음이 전파되는 기간"으로서(히 1:2), 이스라엘이 스테판의 설교를 거부함으로 "다니엘의 칠십째 주"라 불리는 대환란 기간으로 연기되었다. 대환란 기간이 되면 왕국 복음이 다시 전파되는데(마 24:13,14,21), 대환란 끝에 주 예수 그리스도께서 재림하시면 『**주**의 전의 산』(1절)인 시온 산은 영적으로 가장 높은 산이 되어, 이방인들이 마치 시바 여왕이 솔로몬에게 갔던 것처럼 그 시온 산으로 가서 그곳에 계신 주님께 율법을 배울 것이다. 세상 모든 사람들이 반대할지라도 『**주**의 산』에 세워진 『야곱의 하나님의 전』은 문자적으로 재건된다(겔 40-44장). 주 예수 그리스도께서는 민족들을 가르치시기 위해 그곳 지성소에 계실 것이고, 민족들이 지켜야 할 절기에 관해서도 가르치실 것이다(슥 14:16).

주님께서 재림하시면 이스라엘 민족은 회복될 것이다. 그러면 『그들 각 사람은 자기 포도나무와 무화과나무 아래 앉을 것이요, 아무도 그들을 두렵게 하지 아니』할 것이다(4절, cf. 솔로몬의 통치 - 왕상 4:20,21,25). 『만군의 **주**의

입이 그것을 말씀하셨』기 때문에 반드시 이뤄질 것이다(4절).

『모든 사람이 각자 자기 신의 이름으로 행할 것이나 우리는 주 우리 하나님의 이름으로 영원무궁토록 행할 것이라.』(5절)라는 말씀은 **천년왕국 끝에 있을 최후의 반역과 관련된 예언**이다(계 20:8,9). "이 세상의 신"(고후 4:4)은 천년왕국 끝에 이방인들로 하여금 자신을 따르게 할 것이다. 천년왕국 때 주님께서 펼치신 독재에 불만은 품고 있던 민족들은 천 년 동안 끝없이 깊은 구렁에 갇혀 있다 잠시 풀려난 사탄에 빌붙어 예루살렘에 계신 주님께 반역을 일으킬 것이다. **민족들이 그렇게 자기 신의 이름으로 행할지라도 이스라엘은 영원히 주 하나님의 이름으로 행할 때가 온다는 것이 5절의 의미이다.**

재림 때 주님께서는 **『저는 민족』**, **『쫓겨난 민족』**, 주님께서 **『고난을 주었던 민족』**, 곧 이스라엘 민족을 모으실 것이고(6절), 그 민족을 **『남은 자』**와 **『강한 민족』**이 되게 하실 것이다(7절). **『보라, 그 때에 내가 너를 괴롭게 하는 모든 자를 파멸시킬 것이며, 또 내가 저는 자를 구원하며, 쫓겨난 자를 모으고, 그들이 수치를 당하였던 모든 땅에서 찬사와 명성을 얻게 하리라. 그 때에 내가 너희를 다시 데려오고 그 때에 내가 너희를 모으리니, 이는 내가 너희 목전에서 너희의 사로잡힌 자를 돌이킬 때, 너희로 땅의 모든 백성 가운데서 명성과 찬사를 얻게 하려 함이라. 주가 말하노라』**(습 3:19,20). 이때 주님께서는 그때부터 영원무궁토록 시온 산에서 그들을 치리하실 것인데(7절), 주님께서 시온 산에서 이스라엘 민족을 영원무궁토록 치리하신다는 말씀은 "누가복음 1:31-33"의 예언과 직결된다. **『보라, 네가 너의 태 안에 임신하여 한 아들을 낳으리니 그의 이름을 예수라 하라. 그는 위대하게 될 것이며, 가장 높으신 분의 아들이라 불릴 것이요, 또 주 하나님께서 그에게 그의 조상 다윗의 보좌를 주실 것이며 그는 야곱의 집안을 영원히 통치할 것이요 그의 왕국은 무궁하리라』**(눅 1:31-33). **재림 때 수립되는 천년왕국은 영원 세계로 이어지는 영원한 왕국이 될 것이다.**

시온의 딸에게 오는 첫 번째 통치권(8-10절)

『오 너 양떼의 망루야, 시온의 딸의 요새야, 첫 번째 통치권이 네게로 오리니 왕국이 예루살렘의 딸에게로 오리라. 이제 어찌하여 네가 크게 부르짖느냐? 네 안에 왕이 없느냐? 너의 의논자가 죽었느냐? 이는 진통하는 여인처럼 고통이 너를 붙들었음이라. 오 시온의 딸아, 진통하는 여인처럼 괴로워하며 수고하여 낳으라. 이제 네가 성읍에서 나가서 들에 거할 것이며 네가 바빌론에까지 가리니 거기서 구원을 받으리라. 거기서 **주**께서 네 원수들의 손으로부터 너를 구속하시리라』(8-10절).

본문은 **이스라엘이 거부되고 회복되는 내용을 동시에 언급**한다. 이 점은 『**그리스도의 고난과 다가올 영광**』(벧전 1:11)이라는 주 예수 그리스도에 관한 언급과 유사하다. 주님께서 초림 때 회당에서 읽다가 중단하신(눅 4:18,19) 이사야 61:2도 서로 다른 시기를 동시에 언급한다. 『**주의 기뻐 받으시는 해를 선포하고**[초림], **우리 하나님의 복수의 날을 선포하며, 모든 슬픈 자를 위로하고**[재림]』(사 61:2). 주님께서는 『**주의 기뻐 받으시는 해를 선포하고**』까지만 읽으시고 『**이 성경이 오늘날**[초림!] **너희 귀에 이루어졌느니라.**』(눅 4:21)라고 하심으로써 이사야 61장 1절과 2절 앞부분이 "초림" 때 성취되었음을 강조하셨다.

『**첫 번째 통치권**』(8절)은 만왕의 왕께서 통치하시려고 돌아오실 때 시온의 딸, 곧 예루살렘의 딸에게 온다. 『**이제 어찌하여 네가 크게 부르짖느냐? 네 안에 왕이 없느냐? 너의 의논자가 죽었느냐? 이는 진통하는 여인처럼 고통이 너를 붙들었음이라. 오 시온의 딸아, 진통하는 여인처럼 괴로워하며 수고하여 낳으라**』(9,10a절). 이 말씀은 **재림 전에 이스라엘에 닥칠 산고의 고통**이다(사 66:7, 렘 30:6). 그때 이스라엘은 과거 그들의 조상이 느부캇넷살에 의해 바빌론으로 끌려갔던 것처럼 "신비의 큰 바빌론"(계 17:5)의 우두머리인 적그리스도에게 공격을 받을 것인데, 그때 적그리스도의 세력에게 사로잡혀간 유대인들을 주님께서 구원해 주실 것이다. 『**이제 네가 성읍에서 나가서 들에 거할 것이며 네가 바빌론에까지 가리니 거기서 구원을 받으리라. 거기서 주께서 네 원수들의 손으로부터 너를 구속하시리라**』(10절). 『**보라, 주의 날이 오나니, 네 약탈물이 네 가운데서 나뉘리라. 내가 모든 민족들을 모아 예루살렘을 대적하여 싸우게 하리라. 성읍은 함락되고 집들은 강탈당하며 여자들이 욕을 당하고, 성읍의 절반이 사로잡혀갈 것이나, 백성의 나머지는 성읍에서 끊어지지 아니하리라. 그때에 주께서 나가 그 민족들을 대적하여 싸우시리니, 전쟁의 날에 싸우셨을 때처럼 하시리라**』(슥 14:1-3). 이 전쟁이 끝나면 이스라엘은 민족적으로 주 예수 그리스도께로 회심할 것이다. 그때의 구원은 정치적인 구원이면서 동시에 이스라엘에게서 경건치 아니한 것을 제거하는 영적인 구원이 될 것이다(롬 11:25-28).

주의 생각을 알지 못하는 민족들(11-13절)

『이제 또한 많은 민족들이 너를 대적하여 모여서 말하기를 "그 민족을 더럽히고 우리의 눈으로 시온을 보자." 하는도다. 그러나 그들은 **주**의 생각들을 알지 못하며 그의 계획을 깨닫지 못하나니 이는 그가 그들을 타작마당의 곡식단처럼 모으실 것임이라. 오 시온의 딸아, 일어나서 두드리라. 이는 내가 네 뿔을 철 같게 하며 네 굽을 놋같이 할 것임이니, 너는 많은 사람을 쳐서 산산조각을 낼 것이라. 또 내가 그들의 노획물을 **주**께 바치며 그들의 재물을 온 땅의 주께 바칠 것이라』(11-13절).

대환란 끝에 적그리스도가 이끄는 민족들은 이스라엘을 소멸시키려고 모일 것이다(11절, cf. 슥 14:2). 『**또 내가 보니, 개구리 같은 더러운 세 영이 용의 입과 짐승의 입과 거짓 선지자의 입에서 나오는데 그들은 기적들을 행하는 마귀들의 영들이라. 그 영들은 이 땅과 온 세상의 왕들에게로 가서 전능하신 하나님의 위대한 날의 전쟁을 위하여 그 왕들을 모으더라**』(계 16:13,14). 적그리스도가 이끄는 2억의 기병대(계 9:16)가 모여 『**그 민족을 더럽히고 우리의 눈으로 시온을 보자.**』(11절)라고 말할 것이다. 『**우리의 눈으로 시온을 보자.**』는 것은 "가서 시온을 공격해서 점령하자"는 뜻이다. [최근 하마스와의 전쟁에서 이스라엘 국방장관은 가자 지구 공격을 앞에 둔 자국 군인들에게 이렇게 말했다. "가자 지구를 멀리서 보는 사람은 안에서 보게 될 것이다."]

『**그러나 그들은 주의 생각들을 알지 못하며 그의 계획을 깨닫지 못하나니**』(12절). "하나님의 생각과 길"은 "사람들의 생각과 길"과는 다르다(사 55:8). 민족들이 예루살렘을 대적해서 모이는 것과 관련된 하나님의 생각은 다음과 같다. 『**주가 말하노라. 그러므로 너희는 내가 일어나서 먹이로 삼는 날까지 나를 기다리라. 이는 내 결심이 민족들을 모으는 것임이니 내가 왕국들을 모아서 그들 위에 내 분노, 곧 나의 모든 격노를 쏟으리라. 이는 온 땅이 내 질투의 불로 삼켜질 것임이라**』(습 3:8). 이처럼 하나님께서 "독보리를 모아서 단으로 묶으시는"(마 13:30) 목적은 『그들을 타작마당의 곡식단처럼 모으』셔서(12절) 불태우기 위함이다(마 13:30). 이 일은 주 예수 그리스도의 지상 재림 때 있을 것인즉, 사도 바울은 그것과 관련하여 다음과 같이 기록했다. 『**하나님을 알지 못하는 자들과 우리 주 예수 그리스도의 복음에 순종치 아니하는 자들을 불길 가운데서 벌하시리니 이런 자들은 주의 임재와 그의 능력의 영광으로부터 떠나 영원한 멸망의 형벌을 받게 될 것이라**』(살후 1:8,9). 적그리스도를 추종하게 될 세상은 하나님께서 장차 이와 같은 일을 실행하신다는 점을 믿지 않는다. 그들은 주님의 생각을 알지 못하는 것이다! 주님께서 대환란과 재림과 관련하여 계

획하신 일들은 그분을 믿는 그리스도인들에게 계시되었다!(고전 2:10-16)

주님께서 적그리스도의 세력을 타작마당의 곡식단처럼 모으실 때 이스라엘은 UN과의 전투에서 승리할 것이다(계 19:11-21). 그때 유대인의 왕, 곧 『**온 땅의 주**』(13절)께서는 분개 가운데 땅을 활보하시며 분노 가운데서 이방을 밟으실 것이고(합 3:12, 사 63:1-6), 그 적들은 유대인들의 발밑에 재가 될 것이다. 『**또 너희는 악인들을 짓밟으리니, 이는 내가 이것을 행하는 날에 그들이 너희 발바닥 밑에 재가 될 것이기 때문이라. 만군의 주가 말하노라**』(말 4:3). 이 전쟁에서 얻은 탈취물은 여호수아 때의 탈취물처럼(수 6:19) 주 예수 그리스도의 개인적인 소유가 된다. 『**또 내가 그들의 노획물을 주께 바치며 그들의 재물을 온 땅의 주께 바칠 것이라**』(13절). 이 일은 그리스도께서 초림 때 당하신 고난에 대한 대가로 누리시게 될 『**다가올 영광**』(벧전 1:11)의 일부이다. 『**그러므로 내가 위대한 자와 더불어 한 몫을 그에게 나누어 줄 것이며, 그가 강한 자들과 더불어 탈취물을 나눌 것이니 이는 그가 자기의 혼을 부어 죽음에 이르게 하였으며, 또 그는 범죄자들과 더불어 헤아림을 받았으나 그가 많은 사람들의 죄를 지며 범죄자들을 위하여 중보를 하였음이라**』(사 53:12).

■ 새롭게 깨달았거나 적용할 내용이 있다면 적어 보세요. ■

제3과
복습문제

1. "창을 두들겨서 낫을 만들고 민족이 민족을 대적하여 칼을 들어올리지 않는" 것은 요엘 3장의 아마겟돈 전쟁이 있은 뒤에 수립될 (　　　　　　)에 관한 묘사이다.

2. 아마겟돈 전쟁 때에는 민족들이 보습과 낫으로 무기를 만들어 주님을 대적할 것이지만, 재림 뒤에는 정반대가 되어 더 이상 (　　　　　)을 하지 않게 된다.

3. 주님께서 재림하시면 이스라엘 민족은 (　　　　　　)될 것이다.

4. 재림 때 수립되는 천년왕국은 영원 세계로 이어지는 (　　　　　　) 왕국이 될 것이다.

5. 재림의 구원은 정치적인 구원이면서, 이스라엘에게서 경건치 아니한 것을 제거하는 (　　　　　　) 구원이 될 것이다(롬 11:25-28).

■ 복습 문제의 정답은 홈페이지(www.solomonbtc.org)에서 확인할 수 있습니다.

NOTES

제4과
야곱의 남은 자들에 관한 예언들(5장)

『야곱의 남은 자가 많은 백성들 가운데 있으리니, 그들은 **주**로부터 내리는 이슬 같고 풀 위에 내리는 소나기 같아서 사람을 기다리지 아니하며 사람들의 아들들을 기다리지 않는도다』(미 5:7).

메시아께서 탄생하실 베들레헴 에프라타(1-3절)

『오 군대의 딸이여, 이제 군대로 모이라. 그가 우리를 포위하였으니, 그들이 막대기로 이스라엘 재판관의 뺨을 칠 것이라. 그러나 너 베들레헴 에프라타야, 네가 비록 유다의 수천 가운데서 작을지라도 이스라엘을 통치할 자가 너로부터 내게로 나오리라. 그의 나오심은 예로부터요, 영원부터였느니라. 그러므로 진통하는 그 여인이 해산하기까지는 그가 그들을 버려 두실 것이나 그후에 그의 형제 중에 남은 자는 이스라엘 자손에게로 돌아오리라』(1-3절).

주님께서는 포위 공격에 대비해서 이스라엘의 군대를 소집하고 계신다(1절). **『그들이 막대기로 이스라엘 재판관의 뺨을 칠 것이라.』**(1절)라는 말씀은 예수 그리스도의 초림을 가리키는 이사야 50:6의 참조 구절로 보인다. **『내가 치는 자들에게는 내 등을, 머리카락을 뽑는 자들에게는 내 뺨들을 맡겼도다. 내가 치욕과 침뱉음으로부터 내 얼굴을 숨기지 아니하였도다』**(사 50:6).

이스라엘이 적군의 포위 공격에 대비해 군대를 소집하는 때는 적그리스도에게 포위당할 대환란 때를 예언적으로 가리킨다. **과거 히스키야왕 때 예루살렘을 포위했던 산헤립은 적그리스도의 유형이다**(왕하 18:17; 19:3-8, 렘 50:17).

미카 5:1-3은 예수 그리스도와 관련된 이중적인 언급이다(벧전 1:11). **뺨을 맞은 『이스라엘 재판관』(1절)은 초림 때의 예수 그리스도를 가리키지만(사 50:6, 마 26:67), 예로부터 영원부터 나오신 『이스라엘을 통치할 자』(2절)는 재림 때의 예수 그리스도를 나타낸다(사 11:13)**. 말하자면 예수 그리스도의 초림 때의 탄생(1,2절)과 재림 때의 통치(3절)가 언급되고 있는 것이다.

『그러므로 진통하는 그 여인이 해산하기까지는 그가 그들을 버려 두실 것이

나 그후에 그의 형제 중에 남은 자는 이스라엘 자손에게로 돌아오리라』(3절). **주님께서는 "진통하는 그 여인이 해산하는" 대환란 때까지 이스라엘을 버려 두셨다가(사 6:9-12) 그 후 이스라엘의 "남은 자"를 회복시키실 것이다.**

메시아의 출생 장소에 관한 위대한 예언

『그러나 너 베들레헴 에프라타야, 네가 비록 유다의 수천 가운데서 작을지라도 이스라엘을 통치할 자가 너로부터 내게로 나오리라. 그의 나오심은 예로부터요, 영원부터였느니라』(2절). 미카 5:2은 메시아이신 예수님의 출생 장소에 관한 위대한 예언이다. 실로가 오시기까지 홀이 유다에게서 떠나지 않을 것이고(창 49:10), 메시아께서는 유다의 "베들레헴"에서 태어나실 것이다. 예수 그리스도께서는 우주 전체의 역사에서 자신이 출생하기 전에 출생 장소를 말할 수 있는 유일한 분이셨다. 세상 종교 지도자들은 결코 이 일을 할 수 없었다. 주 예수 그리스도께서는 선지자들을 통해(벧전 1:9-11) 자신의 출생지뿐만 아니라(미 5:2) 출생 시기(단 9:25,26)와 출생 방법(사 7:14), 죽음의 방식(사 53:1-12), 부활(막 10:34)을 예언하셨다. 예수 그리스도의 초림에 관한 예언은 45가지나 된다. 이 예언들은 그리스도께서 탄생하시기 400년 전부터 1,500년 전에 기록된 책들에서 발견된다. 한 사람에게 45가지의 예언이 들어맞을 가능성은 통계학적으로 "10의 157제곱분의 1"에 해당된다. 이것은 무기물이 유기물로 바뀔 가능성보다 훨씬 적은 수치이다.

『이스라엘을 통치할 자』(2절)는 십자가에서 죽어야 할 구세주가 아니라 정치적으로 다스리는 통치자이시다. 『이는 우리에게 한 아이가 태어났고 우리에게 한 아들이 주어졌음이니, 정부가 그의 어깨 위에 있을 것이요, 그의 이름은

경이로운 분이라, 상담자라, 능하신 하나님이라, 영원하신 아버지라, 화평의 통치자라 불리리라. 그의 정부와 화평의 증가함이 다윗의 보좌와 그의 왕국 위에 바르게 세워지고, 지금부터 영원까지 공의와 정의로 그것을 굳게 세우는 데 끝이 없으리라. 만군의 주의 열성이 이것을 실행하시리라』(사 9:6,7). 주 예수 그리스도께서 재림하시면 그분은 다윗의 보좌에 앉아 통치하실 것이다(행 2:30, 눅 1:31-33). 주님께서 앉으실 다윗의 보좌는 실제적인 『**유대인의 왕**』(마 2:2; 27:11,37)의 보좌를 뜻한다(왕상 2:45, 대상 22:10; 29:23, 대하 6:16; 7:18, 시 89:35; 122:5, 사 9:7 등). **이 유대인의 왕의 통치권은 영적인 왕국에 국한되지 않으며 물리적인 통치권이다**. 하나님께서는 『**새 세대**』(마 19:28)에 『**위대한 왕의 도성**』(마 5:35)에서 자신의 왕(시 2:6)을 다윗의 보좌에 앉히시려고 한다(렘 22:2). 그 보좌가 있을 곳은 땅에 있는 "거룩한 산"인 시온 산이다(욜 2:32; 3:16, 시 2:6).

대환란 때에 이스라엘을 이끌 지도자(4-7절)

『그가 **주**의 능력, 곧 **주** 그의 하나님의 이름의 위엄으로 서서 먹이시므로 그들이 거할 것이니 이는 이제 그가 땅 끝까지 위대하게 될 것임이라. 앗시리아인이 우리 땅에 올 때 이 사람은 화평이 될 것이요, 그가 우리의 궁들을 밟으면 우리가 그를 대적하여 일곱 목자와 여덟 귀인을 일으키리라. 그들이 칼로 앗시리아 땅을 황폐케 하겠고 님롯의 땅을 그 입구에서 황폐케 하리라. 앗시리아인이 우리 땅에 들어와서 우리의 경계 내를 밟으면 그가 우리를 앗시리아인으로부터 이같이 구원하시리라. 야곱의 남은 자가 많은 백성들 가운데 있으리니, 그들은 **주**로부터 내리는 이슬

같고 풀 위에 내리는 소나기 같아서 사람을 기다리지 아니하며 사람들의 아들들을 기다리지 않는도다』(4-7절).

본문은 대환란과 재림에 관해 예언한다. 이 점을 공부하는 데는 구절별 해석이 필요하다.

1. 『**그가 주의 능력, 곧 주 그의 하나님의 이름의 위엄으로 서서 먹이시므로 그들이 거할 것이니 이는 이제 그가 땅 끝까지 위대하게 될 것임이라**』(4절). 이것은 천년왕국 때의 주 예수 그리스도에 관한 언급이다. 『**그들이 거할 것이니**』, 즉 회복된 이스라엘이 약속의 땅에서 안식하는 일은 천년왕국에서 일어난다. 예수 그리스도께서는 그분의 왕국에서 그분의 백성을 먹이실 것이고, "땅 끝까지," 곧 온 세상에서 위대하게 되실 것이다. 『**주께서는 온 땅을 치리할 왕이 되시리니, 그 날에는 한 분 주께서 계실 것이며, 그의 이름 하나만 있으리라**』(슥 14:9).

2. 『**앗시리아인이 우리 땅에 올 때 이 사람은 화평이 될 것이요, 그가 우리 [이스라엘]의 궁들을 밟으면 우리가 그를 대적하여 일곱 목자와 여덟 귀인을 일으키리라**』(5절). 여기서 『**이 사람**』은 예수 그리스도가 아니라 다른 종류의 "기름부음 받은" 사람이다. 『**이 사람**』은 적그리스도가 이스라엘 땅에 들어올 때(단 11:21) 그와 잠정적인 화평을 이룰 이스라엘의 지도자이다. 예레미야애가 4:20은 대환란 때의 이스라엘이 그 사람의 그늘 아래에서 이방 가운데 살 것이라고 예언한다. 『**우리의 박해자들이 하늘의 독수리들보다 빠르며 그들이 산 위로 우리를 추격해 오며 광야에서도 우리를 숨어 기다리는도다. 우리 콧구멍의 호흡인 주의 기름부음 받은 이가 그들의 구덩이들에 빠졌도다. 우리가 그에 관하여 말하기를 "그의 그늘 아래서 우리가 이방 가운데 살리라." 하였도다**』(애 4:19,20). 『**주의 기름부음 받은 이**』인 『**이 사람**』은 "사내 아이"(계 12:5, 렘

1:5,6)인데, 결국 적그리스도의 세력이 파놓은 함정에 빠져 붙잡히게 된다. 함정에 빠지기 전에 이스라엘을 이끌 이 지도자(애 4:20)는 적그리스도가 팔레스타인 땅에 들어올 때까지, 즉 대환란 중간까지(단 9:27) 적그리스도와 함께 잠정적인 화평을 보장한다(단 11:21). 『**그들**[일곱 목자와 여덟 귀인]**이 칼로 앗시리아 땅을 황폐케 하겠고 님롯의 땅을 그 입구에서 황폐케 하리라. 앗시리아인이 우리**[이스라엘] **땅에 들어와서 우리의 경계 내를 밟으면 그가 우리를 앗시리아인으로부터 이같이 구원하시리라**』(6절). 밑줄 친 부분의 『**그**』는 5절의 『**이 사람**』이다. 『**그**』가 적그리스도를 대적해서 일으킬 『**일곱 목자와 여덟 귀인**』(5절)은 대환란 때 그 정체가 밝혀질 것이다.

3. 『**야곱의 남은 자가 많은 백성들 가운데 있으리니, 그들은 주로부터 내리는 이슬 같고 풀 위에 내리는 소나기 같아서 사람을 기다리지 아니하며 사람들의 아들들을 기다리지 않는도다**』(7절). 이스라엘의 남은 자들은 민족들 가운데 흩어져서 왕국 복음을 전하며(『**이 왕국 복음이 모든 민족에게 증거되기 위하여 온 세상에 전파되리니, 그런 후에야 끝이 오리라**』 - 마 24:14) **메시아의 다시 오심을 기다릴 것이다**. 그때 그들은 사람, 곧 사람들의 아들들을 기다리지 않고 "인자"라고 불리시는 주 예수 그리스도를 기다린다(마 24:30).

야곱의 남은 자가 "주로부터 내리는 이슬 같고 풀 위에 내리는 소나기 같다"는 말씀은 이스라엘 민족이 기다리는 **메시아, 곧 주 예수 그리스도께서 다시 오실 징조로 "소나기"가 내린다**는 점을 보여 주는 것이다. 『**만일 우리가 계속 주를 알고자 하면 그때 우리가 알게 되리라. 그의 나오심은 아침처럼 마련되어 있으며 그는 우리에게 비처럼 오시리니, 땅에 내리는 늦은 비와 이른 비처럼 오시리라**』(호 6:3). 『**너희 시온의 자녀들아, 그때에 즐거워하고 주 너희 하나님을 기뻐하라. 이는 그가 이른 비를 너희에게 적절히 주셨으며, 또 그가 너희를 위하여 비를 내려 주시되 이른 비와 늦은 비를 첫째 달에 내리게 하실 것임이라**』(욜 2:23).

재림 때 세계 정상에 서는 "야곱의 남은 자"(8-15절)

『야곱의 남은 자는 많은 백성들 중 이방인들 가운데 있으리니 숲속의 짐승들 가운데 사자 같고 양떼 가운데 젊은 사자 같아서 그가 지나가면서 밟고 조각조각 찢으리니 구해 낼 자가 없으리라. 네 손이 네 대적 위로 들려지리니 네 모든 원수들이 끊어지리라. **주**가 말하노라. 그 날에 내가 너의 말들을 네 가운데서 멸망시킬 것이요, 네 병거들을 파괴하리라. 또 내가 네 땅의 성읍들을 멸망시키고 네 모든 요새를 무너뜨릴 것이며 내가 네 손에서 마법을 끊어 버리리니 다시는 네게 점쟁이들이 없으리라. 내가 또한 너의 새긴 형상들을 파괴시킬 것이며 너의 서 있는 우상들을 네 가운데서 파괴시키리니, 네가 다시는 네 손으로 만든 것에 경배하지 못하리라. 내가 네 가운데서 네 아세라들을 뽑아 버릴 것이며 네 성읍들을 멸할 것이라. 또 내가 분노와 진노로 이방 위에 복수하리니 그들도 그처럼 듣지 아니하였음이라』(8-15절).

7절이 대환란 때 재림을 기다리는 야곱의 남은 자에 관한 말씀이라면, 8절은 재림 때 민족들의 우두머리가 되는(민 23:24, 신 28:1,10) 그들을 보여 준다. **『야곱의 남은 자는 많은 백성들 중 이방인들 가운데 있으리니 숲속의 짐승들 가운데 사자 같고 양떼 가운데 젊은 사자 같아서 그가 지나가면서 밟고 조각조각 찢으리니 구해 낼 자가 없으리라』**(8절). 재림 때 이스라엘은 그들의 통치자이신 『**유대인의 왕**』(마 27:11), 곧 『**유다 지파의 사자**』(계 5:5)와 함께 천년왕국의 정상에 있을 것이다. 그때 이스라엘은 『**숲속의 짐승들 가운데 사자**』와 같고 『**양떼 가운데 젊은 사자**』와 같아서, 천년왕국 때 "<u>**전 세계를 주도해 나가는 초강대국**</u>"이 될 것이다(8,9절). 현재 강대국으로 일컬어지는 미국, 러시아, 중국, 일본, 독일, 영국 등은 단지 위성국에 지나지 않을 것이다.

하나님께서 이스라엘을 위와 같이 회복시키기 전에 그들은 불을 통과하게 될 것이다(사 43:2, 말 3:1-4). 주님께서는 현대 이스라엘의 강력한 군대를 무장 해제시키셔서 아무런 도움도 받지 못하게 하실 것이고(10절), 이스라엘의 성읍들과 모든 요새들을 무너뜨림으로써(11,14절) 하늘로부터 오실 메시아만을 기다리게 하실 것이다(잠 18:10-12). 주님께서는 그런 이스라엘을 도우시기 전에 그들로부터 마법과 점술, 우상 숭배를 제거하실 것이다(12-14절). 이와 같이 이스라엘의 모든 육신적 도움과 현재의 도시들과 그들의 신비주의적 종교와 우상을 무너뜨리신 후에 비로소 그들을 도우실 것이다. 『**또 내가 분노와 진노로 이방 위에 복수하리니...**』(15절) **하나님께서는 대환란 때 이스라엘을 징계하시는 데 사용하신 이방에게 복수하실 것이다(사 10:5-19)**. 지난 3,400년간의 이스라엘의 역사가 바로 이것이었다(판 1-10장). 『**이스라엘은 흩어진 양이라. 사자들이 그를 몰아내는도다. 처음에는 앗시리아 왕이 그를 삼켰고 마지막에는 바빌론의 느부캇넷살왕이 그의 뼈를 꺾었도다. 그러므로 만군의 주, 이스라엘의 하나님이 이같이 말하노라. 보라, 내가 앗시리아 왕을 벌한 것같이, 내가 바빌론 왕과 그의 땅을 벌하리라**』(렘 50:17,18).

주님의 백성은 그들에게 다가오는 크고 작은 고난들을 통해 주님과의 관계를 온전히 해야 한다. 주님께서 모든 상황을 관장하시기 때문에 고난을 걸어가시는 일도 주님께서 하시는 일임을 알아야 한다.

■ 새롭게 깨달았거나 적용할 내용이 있다면 적어 보세요. ■

제4과
복습문제

1. 과거 히스기야왕 때 예루살렘을 포위했던 산헤립은 (　　　　　)의 유형이다.

2. 빰을 맞은 『이스라엘 재판관』(5:1)은 초림 때의 예수 그리스도를 가리키고, 예로부터 영원부터 나오신 『이스라엘을 통치할 자』(5:2)는 예수 그리스도의 (　　　　)을 가리킨다.

3. 미카 (　　)장 (　　)절은 메시아이신 예수님의 출생 장소에 관한 위대한 예언이다.

4. 『유대인의 왕』의 통치권은 영적인 왕국에 국한되지 않으며 (　　　　　)인 통치권이다.

5. 이스라엘의 남은 자들은 민족들 가운데 흩어져서 (　　　　　)을 전파하며 메시아의 다시 오심을 기다릴 것이다.

6. 하나님께서는 대환란 때 이스라엘을 징계하시는 데 사용하신 이방에게 복수하시지 않는다. (O , X)

■ 복습 문제의 정답은 홈페이지(www.solomonbtc.org)에서 확인할 수 있습니다.

NOTES

제5과
이스라엘과 논쟁하시는 하나님(6장)

『오 내 백성아, 내가 네게 무엇을 행하였느냐? 내가 무엇으로 너를 지치게 하였느냐? 내게 증명하라』(미 6:3).

내가 무엇으로 너를 지치게 하였느냐?(1-5절)

『너희는 이제 **주**께서 말씀하시는 것을 들으라. 너는 일어나 산들 앞에서 항변하라. 그리하여 작은 산들로 네 음성을 듣게 하라. 오 산들아, 너희 튼튼한 땅의 기초들아, 너희는 **주**의 논쟁을 들으라. 이는 **주**께서 자기 백성과 논쟁하시며 이스라엘과 변론하실 것임이라. 오 내 백성아, 내가 네게 무엇을 행하였느냐? 내가 무엇으로 너를 지치게 하였느냐? 내게 증명하라』(1-3절).

하나님께서는 그분의 백성과 논쟁하는 분이시다. 내가 옳은지 네가 옳은지 마음을 열고 함께 이야기해 보자고 하는 분이시다. **『이제 오라, 우리가 서로 변론하자. 주가 말하노니 너희 죄들이 주홍 같을지라도 눈같이 희게 될 것이요, 진홍처럼 붉을지라도 양털같이 되리라』**(사 1:18). 하나님은 어떤 분이신가? 그분은 자신의 백성에게 일방적으로 압박을 가하는 분이 아니시다. 그래서 "교제"가 가능하다. 물론 하나님과의 교제라는 것은, 우리가 그분의 뜻 안에 있고, 그분의 말씀을 행할 때 이뤄진다. 그분께 죄를 자백하는 것도 그분과의 교제를 회복하기 위한 것이다. **『그러므로 우리가 그에 관하여 듣고 너희에게 전하는 말이 이것이니, 곧 하나님은 빛이시요, 그분 안에는 어두움이 전혀 없다는 것이라. 만일 우리가 하나님과 교제가 있다 하면서 어두움 가운데 행하면 우리가 거짓말하는 것이며 진리를 행하지 아니하는 것이라. 그러나 그분이 빛 가운데 계신 것같이 우리도 빛 가운데 행하면 우리가 서로 간에 교제가 있게 되고, 그의 아들 예수 그리스도의 피가 우리를 모든 죄에서 깨끗하게 하시느니라』**(요일 1:5-7).

사실상 하나님께서 요구하시는 논쟁은 자신의 백성과 교제를 회복하기 원하

<u>시는 하나님의 염원에서 비롯된다</u>. 하나님 차원에서 열망이 더 강한 것이다. 『**너희가 범한 너희의 모든 행악들에서 떠나 새 마음과 새 영을 가지라. 오 이스라엘 집아, 어찌하여 너희가 죽고자 하느냐? 주 하나님이 말하노라. 내가 죽는 자의 죽음을 기뻐하지 아니하노니 그러므로 너희 자신은 돌이켜서 살라**』(겔 18:31,32). 『**주 하나님이 말하노라. 내가 살아 있는 한, 내가 악인의 죽음을 기뻐하지 아니하고 악인이 그의 길에서 돌이켜서 사는 것을 기뻐하노니 너희는 돌이키라. 너희는 너희 악한 길에서 돌이키라. 오 이스라엘 집아, 너희가 어찌하여 죽으려고 하느냐?**』(겔 33:11) 하나님께서는 그분의 백성이 죄로 죽거나 잘못되는 것을 결코 원치 않으신다. 하나님께는 이러한 열망이 있다. <u>이 열망은 인류의 멸망을 원치 않는(벧후 3:9) 갈보리 십자가의 희생에서 그 정점을 찍었다!</u> 『**또 내가 땅에서 들리면 모든 사람을 내게로 이끌어 오리라**』(요 12:32).

하나님의 논쟁은 6장 3절에서 본격적으로 시작된다. 『**오 내 백성아, 내가 네게 무엇을 행하였느냐? 내가 무엇으로 너를 지치게 하였느냐? 내게 증명하라.**』 "내가 네게 무얼 잘못했느냐? 네가 무엇 때문에 나로 인해 지쳤느냐? 한번 증명해 보라!"고 도전하신다. 주님의 백성인 이스라엘이 그분의 말씀대로 사는 일에 지쳐서 등을 돌렸다는 것이다. 하나님께서는 실로 그 백성의 어깨라도 붙잡고 그분께로 돌리고 싶은 심정이시다. 주님의 뜻을 따르며 말씀대로 사는 삶에 지쳐 가는 성도가 있다면 이 말씀에 주의해야 한다. 『**오 내 백성아, 내가 네게 무엇을 행하였느냐? 내가 무엇으로 너를 지치게 하였느냐? 내게 증명하라**』(3절). 하나님께서는 자신이 있으시다. 『**내게 증명하라.**』 이 말씀은 하나님께서 우리를 지치게 하신 것이 아니라는 뜻이다. 성경대로 믿고 사는 삶에 지친 사람이 하나님을 지치게 할 뿐이다. 그리스도인은 하나님께서 "내가 옳으냐, 네가 옳으냐"며 논쟁하자고 하시지 않아도 되는 성도가 되어야 한다. "내가 너에게 요구하는 믿음의 삶이 너를 지치게 하느냐"고 하지 않아도 되는 성도가 되어야 한다.

『나는 너를 이집트 땅으로부터 인도하고 종들의 집에서 너를 구속하였으며 또 내가 네 앞에 모세와 아론과 미리암을 보냈었느니라. 오 내 백성아, 이제 모압 왕 발락이 의논한 것과 브올의 아들 발라암이 싯팀에서 길갈에 이르기까지 그에게 대답하였던 것을 기억하라. 그러면 너희가 **주**의 의를 알리라』(4,5절).

하나님께서는 그분이 왜 이스라엘 백성에게 비난받아서는 안 되는지 그 이유를 갖고 계신다(4,5절). 하나님께서는 이스라엘을 출애굽시키신 일을 언급하신(4절) 뒤, 5절에서 "민수기 23:21" 사건을 기억하며 『**주의 의를 알라.**』라고 말씀하신다. 『**주께서는 야곱의 죄악을 보지 않으시며 또 이스라엘의 패역을 보지 않으셨도다. 주 그의 하나님께서 그와 함께 계시며, 왕을 환호하는 소리가 그들 가운데 있도다**』(민 23:21). 주님께서는 발락이 발라암을 시켜 이스라엘을 저주하려 했을 때 발라암의 입을 통해 "주님은 이스라엘의 죄악을 보지 않으시고 그들의 패역을 보지 않으셨다."라고 하셨다. 주님께서는 이스라엘의 죄를 보지 않으시고 오히려 그들과 함께 계셨다. 이 사건을 통해 『**주의 의를 알리라.**』라고 하신 것은, <u>주님께서 발락 앞에서 이스라엘 민족에게 그분의 의를 주셨다</u>는 뜻이다. 민족적으로 주님의 의를 가진 이스라엘을 아무도 저주할 수 없음을 발라암의 입을 통해 선포하신 것이다.

하나님께서는 이스라엘에게 짐을 지워 피곤케 하지 않으셨다. 오히려 이집트에서, 종들의 집에서, 그 노예 상태에서 해방시키셨고, 짐을 벗는 그 일의 선두에 모세와 아론과 미리암을 보내셨다(4절). 또 그들에게 그분의 의를 주셔서 아무도 그 민족을 저주하지 못하게 하셨다(5절). "이집트의 노예 상태에서 완전히 해방되어 하나님께 성별된 백성이 되게 해 주셨는데도 하나님께서 그들을 지치게 하셨느냐"는 것이 주님의 주장이다. 하나님께서는 이스라엘을 이집트 노예 생활의 지침과 고통에서 해방시켜 주신 분이시다. **바로 그 하나님께서 신약 교회 시대에는 우리를 죽음을 두려워하는 노예 상태에서 해방시켜 주셨다.** **『자녀들이 피와 살에 참여하는 자인 것같이 그 역시 같은 모양으로 동일한 것에 참여하신 것은 자신의 죽음을 통하여 죽음의 세력을 가진 자, 곧 마귀를 멸망시키시며 또 죽음을 두려워하므로 평생을 노예로 속박되어 있는 자들을 놓아주시려 함이니라』**(히 2:14,15). 이스라엘을 출애굽시켜 주시는 데 모세와 아론과 미리암을 보내셨던 것처럼, 우리에게는 하나님의 아들이신 예수님을 보내셨다. 예수님께서는 그분의 죽음을 통해 평생을 죽음을 두려워하는 노예로 살고 있던 우리를 해방시키셨다. 또한 **우리에게 그분의 의를 주셔서 아무도 우리에게 혐의를 씌우거나 정죄할 수 없게 하셨다(롬 8:33,34).** 하나님께서는 사망이나 생명이나, 천사들이나 정사들이나 권세들이나 현재의 일들이나 다가올 일들이나, 높음이나 깊음이나, 어떤 다른 피조물이라도 우리를 그리스도 예수 우리 주 안에 있는 하나님의 사랑에서 떼어 놓을 수 없게 하셨으며, 우리는 이 점을 "확신"하며 살아야 한다(롬 8:38,39). 죄에서 정결케 되었고, 죽음의 속박에서 벗어났고, 영생의 소망을 갖게 되었고, 하나님의 끊어지지 않는 사랑 속에 있는데도 왜 "하나님께서 나를 지치게 하신다."는 생각이 드는 것일까? 이 당치도 않은 일에 대해 하나님께서 물으신다. **『오 내 백성아, 내가 네게 무엇을 행하였느냐? 내가 무엇으로 너를 지치게 하였느냐? 내게 증명하라』**(3절).

주께서 보여 주신 세 가지 "선한 것들"(6-9절)

『내가 무엇을 가지고 **주** 앞에 나아가며 높으신 하나님께 절할까? 내가 번제물들, 곧 일년생 송아지들을 가지고 그분

앞에 나아갈까? **主**께서 수천의 숫양이나 수만의 기름의 강들로 기뻐하실까? 내가 내 죄과로 인하여 내 첫태생을, 내 혼의 죄로 인하여 내 몸의 열매를 드릴까?』(6,7절)

이것은 **하나님의 의로우심 앞에서 할 말을 잃은 인간의 궁리를 선지자 미카가 표현한 것**이다. 하나님께서 아무런 비난받을 일이 없으시고 오히려 그분의 백성에게 아주 잘해 주셨음을 알게 되자, 이제는 그분께 제물을 마구 드리려고 한다. 일년생 송아지들을 끌고 가서 바치는 것에 만족하지 못하고, 수천 마리의 숫양이나 강물처럼 흐르는 기름으로 기쁘게 해 드리면 어떨까라고 생각한다. 극단적으로 가서는 자기 몸의 열매인 첫태생까지 드리면 어떨까라고 한다. 하지만 하나님은 사람을 제물로 받지 않으신다(신 28:4, 왕하 3:27; 16:3). **이스라엘의 첫태생은 제물로 드려지는 것이 아니라 "대속"되었다(출 13:13)**. **아이들로 하여금 불을 통과하게 하는(왕하 16:3; 23:10) 것은 이스라엘에서 전적으로 금지되었다(렘 19:5)**.

본문 6,7절에서 엿보이는 당시 유대인들의 문제점은 그들이 율법의 제사 의식을 따르는 데 있어서 자신의 "육신적인 생각"을 첨가했다는 데 있었다. 유대인들은 율법을 지키는 데 목적을 두지 않고, 그 율법을 발판 삼아 걸레와 같은 자기 의를 자랑하려고 온갖 수단을 동원했다. 계명의 참된 본질을 망각하고 인간의 생각을 덧입힌 행위로는(마 15:2) 하나님께 바르게 돌아올 수 없었다.

하나님께서 유대인들에게 율법을 주시면서 하신 말씀이 있다. **『그러므로 너는 主 너의 하나님을 사랑하고 그의 책무와 그의 규례들과 그의 명령들과 그의 계명들을 항상 지킬지니라』**(신 11:1). 율법을 지키기 전에 먼저 "하나님을 사랑하는 마음을 가지라"는 것이고, 그 뒤에 그분의 책무와 그분의 규례들과 그분의 명령들과 그분의 계명들을 항상 지키라는 것이었다. **미카 당시의 유대인**

들은 바로 이 점에 있어서 실패했다. 하나님을 사랑하지 않았기 때문에 그분께서 주신 율법을 정확히 지키지 않았고, 그렇기에 인간의 전통을 첨가해서 지키려 했다. 미가서 본문은 그것이 과도해져서 율법에서 금하고 있는 인신 제사로 하나님을 기쁘시게 하려는 망상에까지 빠져드는 모습을 보여 준다. 하나님을 사랑하지 않고 육신적인 생각대로 섬기려는 사람은 미쳐 가는 것이다. 성경대로 믿는 믿음으로 섬기지 않고, 새벽기도회, 경배와 찬양, 금요철야금식, 작정헌금 같은 성경에 없는 "**육신적인 종교 행위들**"과 장로, 권사, 여자 집사, 여자 목사 같은 성경에 없는 "**육신적인 직분**"으로 하나님을 기쁘시게 하려는 것은 사악한 죄이다. 일 년 동안 매달 얼마를 바치겠다며 작정 헌금을 하고, 수천 번의 경배와 찬양을 드리고, 강물 같은 새벽기도회들을 드리고, 자기 몸이 죽기 직전까지 금식을 한다 해도, 그것은 하나님의 말씀과 전혀 일치하지 않기 때문에 매우 사악한 죄에 불과하다. 오늘날 우리는 멸망 전의 이스라엘과 같은 교인들을 넘치게 목도하고 있다. 성경대로 믿는 사람들의 대열에 들어왔다면 **하나님을 인간의 생각으로 섬기려 했던 옛 습성을 버려야** 한다. 하나님의 말씀에 대한 자세가 바르게 정립되지 않았는데 여전히 이전의 종교적 열성을 보이려고 한다면 반드시 고침을 받아야 한다. 6,7절의 질문에 이어지는 8절 말씀이 그에 대한 해답을 제시한다.

『오 사람아, 그분은 무엇이 선한 것인지 네게 보여 주셨으며 또 **주**께서 네게 요구하시는 것을 보여 주셨으니 오직 의롭게 행하고 자비를 사랑하며 네 하나님과 함께 겸손하게 행하는 것이 아니냐? **주**의 음성이 성읍[예루살렘]을 향하여 외치시며 지혜의 사람은 주의 이름을 보리니 너희는 그 막대기와 그것을 지정하신 분에게 들으라』(8,9절).

하나님께서는 사람에게 선한 것을 보여 주는 분이시다. 결코 악한 길을 보여 주는 분이 아니시다. 또한 주님께서는 선한 것을 요구하는 분이시다. 주님께서는 구약의 유대인들에게 "의롭게 행하고" "자비를 사랑하며" "그들의 하나님과 함께 겸손히 행하는" 것을 원하셨다. 이것이 그들에게 보여 주신 하나님의 "선"이며, 이것이 그들에게 진정으로 요구하시는 것이었다.

『의롭게 행하고 자비를 사랑하며 네 하나님과 함께 겸손하게 행하는 것』에는 물질이 필요하지 않다. 일년생 송아지들이나 수천의 숫양, 수만의 기름의 강들도 필요치 않다. 하나님께서는 외적인 물량이 아닌 "내면의 변화"를 원하시기 때문이다. 송아지들, 숫양들, 강물 같은 기름이 없어도 "의로운 행위"와 "자비에 대한 사랑"과 "하나님과 함께 행하는 겸손"만 있다면 하나님께서 그 사람을 받아 주시겠다고 하셨다.

의롭게 행하는 것도 외적인 것이 아니냐고 물을 수 있다. 그러나 하나님께서 요구하시는 이것은 단순한 표면적 행위가 아니다. **하나님께서는 "변화된 마음"에서 우러나오는 참되고 의로운 행위를 요구하신다**. 하나님께서 요구하시는 세 가지 선한 것들은 뒤로 갈수록 깊어진다. "의롭게 행하는 것"에서 "자비를 사랑하는 것"으로, "자비를 사랑하는 것"에서 "하나님과 함께 겸손하게 행하는 것"으로 깊어진다. **하나님께서 요구하시는 "의롭게 행하는 일"에는 그 가장 깊은 자리에 "하나님과 함께 행하는 겸손"이 자리잡고 있음을 알아야 한다. 그것은 단순한 표면적 행위가 아니라, 내면의 가장 깊은 곳의 겸손에서 우러나오는 참된 행위이다**. 이 점은 신약 그리스도인들에게도 영적 의미가 동일하다. "겸손"이 가장 깊다. 하나님과의 동행에는 겸손이 필수이고, 겸손이 이뤄졌을 때 자비를 사랑하는 것과 의롭게 행하는 것에도 의미가 있게 된다. "겸손"이 결여되어 있다면, 자비를 사랑하는 것은 흔적인 종교에 불과하게 되고, 의롭게 행하는 것은 육신적 외식에 불과하게 된다. 하나님과의 동행에는 "겸손"이 그 핵심이다. **『영원에 거하시는 높고 우뚝 솟은 분, 그의 이름이 거룩이신 분이 이같이 말하노라. 나는 높고 거룩한 곳에 거하며 또한 통회하고 겸손한 영을 지닌**

자와 함께 거하여 겸손한 자의 영을 소생케 하고 통회하는 자의 마음을 소생케 하는도다』(사 57:15). 『**하나님께서는 교만한 자들을 대적하시고 겸손한 자들에게 은혜를 주신다**』(약 4:6). 겸손은 달리 말하면 "자기 부인"이다. 자기를 부인하고 하나님만이 내 모든 것임을 인정하며, 하나님만이 으뜸이심을 믿는 마음의 열매이다. 바로 이것이 하나님과의 동행의 출발점이다.

『너희는 그 막대기와 그것을 지정하신 분에게 들으라.』(9절)에서 "막대기"는 사탄이다(렘 48:17, 겔 19:11-14, cf. 사 10:12, 렘 50:17). 역사적으로 이 막대기는 앗시리아 왕을 언급한다(왕하 19장). 주의 "막대기"가 다윗을 위로한다고 했을 때(시 23:4) 그것은 주님께서 성도를 징계하며 매질하실 때 "사탄"을 이용하신다는 뜻이다. 그리스도인에게 있어서 "징계의 막대기"는 그가 그 일로 하나님께 더 가까이 다가가게 되고, 자신의 죄를 자백하여(시 51편) 의로워진다는 의미에서만 "위로"가 된다. 사탄 자신은 결코 성도의 위로가 될 수 없다.

이스라엘의 "속이는 자들"에 대한 저주(10-16절)

『악인의 집에 아직도 악한 재물들이 있느냐? 가증스러운 부족한 되가 있느냐? 내가 악한 저울들과 속이는 저울추들의 자루를 보고도 그들을 순수하다고 여기겠느냐? 그 부자들은 폭력으로 가득 찼고 그 거민들은 거짓을 말하며 그들의 혀는 그들의 입 속에서 거짓으로 가득 찼도다. 그러므로 나도 너를 쳐서 병들게 할 것이며 네 죄들로 인하여 너를 황폐케

하리라. 네가 먹을지라도 배부르지 아니할 것이며 너를 내어던 짐이 네 가운데 있게 될 것이라. 네가 간직하여도 보존하지 못하리니 네가 보존한 것이라도 내가 칼에 넘겨주리라. 네가 씨를 뿌릴지라도 거두지 못할 것이요, 네가 올리브 열매를 밟아도 기름을 붓지 못할 것이며 맛있는 포도주가 있을지라도 마시지 못하리라. 너희가 오므리의 규례들과 아합 집의 모든 일들을 지키고 그들의 계략을 행하니 내가 너를 황폐케 하고 그 거민들을 조롱거리가 되게 하리라. 그리하여 너희가 내 백성의 비난을 담당하리라』(10-16절).

하나님께서는 사기 치는 장사꾼들을 순수하다고 여기시지 않는다(11절). **『속이는 저울은 주께 가증한 것이나, 공정한 추는 그의 기쁨이니라』**(잠 11:1). **『상이한 저울추는 주께 가증한 것이며, 속이는 저울은 좋지 못한 것이니라』**(잠 20:23). 이 점은 서로 "일치하지 않는"(상이한, 속이는) 변개된 성경들도 마찬가지다. **『이는 많은 사람이 주께 대하여 거짓 증거를 대나, 그들의 증거가 서로 일치하지 않음이더라』**(막 14:56). 초림 당시 거짓 증인들은 살아 계신 **『말씀』**(요 1:1)인 예수 그리스도께 대하여 거짓 증거를 댔지만 그들의 말은 서로 일치하지 않았다. 기록된 말씀인 성경에 대해서도 "증인들"(시내 사본과 바티칸 사본)이 있지만 그것들은 바른 원문인 다수필사본들과 일치하지 않을 뿐 아니라 자기들끼리도 일치하지 않는다. 그 "증인들"은 서로 간에 70%가 일치하지 않는다. 매 페이지마다 여러 군데서 차이를 보이며, 복음서에서는 거의 매 구절마다 차이를 보인다. 그러한 변개된 본문들에서 번역된 성경들의 상호불일치의 현실은 두말하면 잔소리이다. 그러한 변개된 성경들을 추천하는 학자들과 목사들을 하나님께서 순수하게 여기시겠는가? 하나님께서는 그분의 말씀을 "변개시켜 이익을 취하는"(고후 2:17) 자들을 경건하다고 여기시지 않는다. 하나님께서는 그러한 자들을 저주하셨다!(13-15절)

멸망 전의 이스라엘이 행한 『**오므리의 규례들과 아합 집의 모든 일들**』(16절)은 열왕기상 16장에 나와 있다. 『**오므리의 아들 아합이 주의 목전에서 자기 앞에 있던 모든 사람보다 더 악을 행하였더라. 느밧의 아들 여로보암의 죄들을 행하는 것이 그에게는 마치 가벼운 것 같았으니 그가 시돈인들의 엣바알왕의 딸 이세벨을 아내로 삼아 가서 바알을 섬기고 그에게 경배하였으며 사마리아에 건축한 바알의 신전에 바알을 위하여 한 제단을 쌓았고 또 아합이 아세라를 만들었더라. 아합이 자기 앞에 있던 이스라엘의 모든 왕보다 이스라엘의 주 하나님을 더욱 격노케 하였더라**』(왕상 16:30-33). 이 점은 현대판 바알 숭배 종교인 "로마카톨릭"을 보여 준다. 그들이 처할 "황폐함"(16절)은 "요한계시록 17,18장"에 예언되어 있다.

■ 새롭게 깨달았거나 적용할 내용이 있다면 적어 보세요. ■

제5과
복습문제

1. 하나님께서 요구하시는 논쟁은 자신의 백성과 (   )를 회복하기 원하시는 하나님의 염원에서 비롯된다.

2. 주님께서 발락 앞에서 이스라엘 민족에게 그분의 (   )를 주셨다

3. 이스라엘의 첫태생은 제물로 드려지는 것이 아니라 (   )되었다

4. 하나님을 (   )하지 않았기 때문에 그분께서 주신 율법을 정확히 지키지 않았고, 그렇기에 인간의 전통을 첨가해서 지키려 했다.

5. 하나님께서는 "변화된 (   )"에서 우러나오는 참되고 의로운 행위를 요구하신다.

6. 하나님께서 요구하시는 "의롭게 행하는 일"에는 그 가장 깊은 자리에 "하나님과 함께 행하는 (   )"이 자리 잡고 있어야 한다.

■ 복습 문제의 정답은 홈페이지(www.solomonbtc.org)에서 확인할 수 있습니다.

NOTES

NOTES

제6과

재림 때 있을 이스라엘의 회복(7장)

『오 내 원수야, 나를 대적하여 기뻐하지 말라. 내가 쓰러진다 해도 일어날 것이요, 내가 어두움 가운데 앉을지라도 **주**께서는 내게 빛이 되시리라』(미 7:8).

이스라엘의 회복

이스라엘은 하나님께서 "아끼시는 민족"이고, 그들에게 주신 약속의 땅 역시 "아끼시는 땅"이다(신 11:12). 그러나 그들은 "목이 곧은 완고한 백성들"로서 그들을 아끼시는 하나님께 언제나 반항적인 태도를 보였고, 불평불만을 터트렸으며, 그들에게 주신 율법을 버렸고, 하나님으로부터 돌아섰으며, 주위의 어떤 이방 민족보다도 더 가증하고 악하게 행했다. 심지어 그들의 왕이신 메시아를 거부하고 십자가에 못 박아 죽이기까지 했다.

이렇게 그들이 하나님을 버리자, 하나님께서도 그들을 버리셨다! 친히 아끼시는 땅에서 아끼시는 민족을 내쫓으신 것이다. 그런 다음 세상이라는 무덤 속에 그들을 숨기셨는데, "이방인들의 때"가 끝날 때까지 세상 한가운데 숨겨진 채로 철저히 버림받고 이방인들에게 계속 짓밟히게 내버려 두셨다(눅 21:24). 그런데 이스라엘을 완전히 버리시고 황폐케 하신 하나님께서 그들을 다시 아끼기 시작하셨다. "세상(밭)에 숨겨 둔 보물"(마 13:44)을 "독특한 보물"(출 19:5)로 다시 꺼내 들고 계신다. 다시 말해 바빌론 왕 느부캇넷살 이래로 이스라엘과 예루살렘을 짓밟아 왔던 이방인들의 때가 이제 곧 끝나 가는 것이다. 이렇듯 "이방 민족의 몰락"은 곧 "이스라엘의 회복"을 의미한다! 우리는 그러한 회복을 보여 주는 "여러 가지 징조들"을 이 "마지막 교회 시대"에 목도하고 있다. 『**그 날에는 주께서 다시 두 번째로 손을 펴사 남아 있는 그의 백성의 남은 자들을 회복시켜... 돌아오게 하실 것이라**』(사 11:11).

대환란에 관한 예언들(1-7절)

『나에게 화로다! 이는 내가 사람들이 여름 과일들을 거두어 버린 후 같고 포도 수확기에 떨어진 포도들을 거둔 후 같이 되었음이니, 내가 먹을 포도송이가 없으며, 내 혼이 처음 익은 과일을 열망하였도다. 선한 사람이 땅에서 사라졌고 사람들 가운데 정직한 자가 한 명도 없도다. 그들 모두가 숨어서 피를 기다리고 있으며 그들이 각기 그물로 자기 형제를 잡는도다. 그들은 양손으로 열심히 악을 행하나니 고관도 대가를 요구하고 재판관도 대가를 요구하며 큰 자도 자기의 엉뚱한 욕심을 털어놓으니 그들이 그처럼 서로 결맞는도다. 그들 가운데 가장 선한 자도 찔레나무 같고 가장 정직한 자도 가시울타리보다 더 날카롭도다. 네 파수꾼들의 날과 네 감찰의 날이 오나니 이제 그들이 당혹해 하리로다. 너희는 친구를 믿지 말며 안내자를 신뢰하지 말라. 네 품에 누워 있는 그녀로부터 네 입의 문을 지키라. 이는 아들이 아버지를 존경하지 아니하며 딸이 어머니를 대적하여 일어나고 며느리가 자기 시어머니를 대적하여 일어남이니, 사람의 원수는 자기 집안 사람들이니라. 그러므로 나는 **주**를 바라보며 나는 내 구원의 하나님을 기다리리니 나의 하나님께서 내게 들으시리라』(미 7:1-7).

이 본문은 "야곱의 고난의 때," 곧 "대환란 기간" 끝 무렵에 "유대인들이 직면할 영적 상태"를 보여 주는데, 『**사람들이 여름 과일들을 거두어 버린 후 같고 포도 수확기에 떨어진 포도들을 거둔 후**』(1절) 같은 상태로서, 모든 "추수"("부활"을 예표)가 다 끝나고 "이삭줍기"로 예표되는 "환란 성도들의 부활"(휴거)"까지 모두 다 끝난 상황이다. 그래서 유대인들은 더 이상 『**먹을 포도송이가 없으며... 처음 익은 과일을 열망**』하는 상태에 놓여 있다. 이로 인해 예레미야 8:20에서는 『**여름이 끝났고 추수가 지났어도 우리는 구원을 받지 못하는도다.**』라고 말씀한다.

특히 "영적으로 황폐화"되었는데, "선한 사람"이 땅에서 사라졌고 "정직한 자"가 한 명도 없으며, 모두 다 숨어서 피를 기다리고 있고, 각기 자기 그물로 자기 형제를 잡고 있다(2절). 악을 행하되 양손으로 열심히 악을 행하고 있으며, 특히 고관들과 재판관들과 큰 자들이 그 누구보다도 앞장서서 사람들로부터 대가를 바라고 엉뚱한 욕심을 부리며 그런 악행을 저지르고 있다(3절). 또한 "선한 자들"이 찔레나무 같고 "정직한 자들"은 가시울타리보다 더 날카롭기에(4절), 지금 당장 불속에 던져 넣어도 시원찮을 만큼 심각한 영적 상태에 빠져 있다(삼하 23:6, 히 6:8). 이렇듯 이스라엘의 영적 황폐함은 매우 심각하며, 환란 시대에는 절정에 달할 것이다.

심지어 친구도, 가족도 믿지 못하는 시대가 온다(5,6절). 『**너희는 친구를 믿지 말며 안내자를 신뢰하지 말라**』(5절). 아무도 신뢰하지 말라는 명백한 충고이다(시 118:8). 인간에 대해 믿음을 두지 말라는 강력한 경고이다. 아내조차 믿어서는 안 된다(5절). 이것은 초림 당시 예수님께서 마태복음 10:34-39에서 경고하신 내용과 정확히 일치한다. 『**내가 땅 위에 화평을 주러 온 줄 생각하지 말라. 나는 화평을 주러 온 것이 아니라 칼을 주러 왔노라. 내가 온 것은 사람이 그 아버지와, 딸이 그 어머니와, 며느리가 그 시어머니와 서로 대적하게 하려 함이니라. 사람의 원수들은 그의 가족 중에 있으리라**』(마 10:34-36). 그래서 선지자 "미카"는 이렇게 외친다. 『**그러므로 나는 주를 바라보며 나는 내 구원의 하나님을 기다리리니 나의 하나님께서 내게 들으시리라**』(7절, 렘 17:5,7). 다시 말해 "예수 그리스도의 재림"만이 유일한 소망이라는 것이다. 환란 시대 끝 무렵 이스라엘의 남은 자들은 그들을 구원할 주님을 믿음으로 바라보며 간절히 기다릴 것이다. 그때 주 하나님께서는 그들의 간절한 부르짖음을 들으시고 그들을 구원하실 것이다.

이스라엘의 회복과 죄 용서(8-20절)

『오 내 원수야, 나를 대적하여 기뻐하지 말라. 내가 쓰러진다 해도 일어날 것이요, 내가 어두움 가운데 앉을지라도 **主**께서는 내게 빛이 되시리라. 내가 그를 대적하여 죄를 지었으니 그가 나를 변호하시어 나를 위하여 심판을 내리실 때까지 나는 **主**의 분노를 감당하리라. 그가 나를 빛으로 인도하시리니 그러면 내가 그의 의를 보리라. 그때에 나의 원수인 그녀가 그것을 보면 수치가 그녀를 덮을 것이니 그녀는 "**主** 네 하나님이 어디 있느냐?"고 내게 말한 그녀라. 내 눈이 그녀를 보리니 이제 그녀가 거리의 진흙처럼 밟히리라. 네 성벽이 세워지는 날, 그 날에 칙령이 멀리 거두어지리라. 그 날에는 또한 앗시리아에서 견고한 성읍들에서, 요새로부터 강에 이르기까지, 바다에서 바다까지, 산에서 산까지 그가 네게로 오리라. 그러나 그 땅은 그 안에 거하는 사람들로 인하여 또 그들이 행한 열매로 인하여 황폐케 되리라』(미 7:8-13).

대환란 기간의 징계와 고난이 끝날 무렵, 하나님께서는 이스라엘의 죄를 용서하시고 그들을 회복하실 것이다. 이스라엘의 남은 자들은 "원수"인 사탄과 적그리스도를 향해 『**나를 대적하여 기뻐하지 말라. 내가 쓰러진다 해도 일어날 것**』(8절)이라고 선언할 것이며, "구원자"이신 하나님께서는 쓰러져 있는 이스라엘을 일으키실 것이다. 극심한 어두움 속에 앉아 있는 이스라엘에게 빛이 되어 주실 것이며(8절), 그들의 죄과를 용서하시고 간과하실 것이다(18절, cf. 욜 2:28,29, 렘 31:31-34, 슥 12:10-14).

한편 이스라엘의 남은 자들은 『**내가 그를 대적하여 죄를 지었으니... 나는 主의 분노를 감당하리라.**』(9절)라고 고백할 것인데, "메시아를 십자가에 못 박아 죽인 죄"를 위시하여 그들이 저지른 죄들에 대한 책망과 진노에 따른 심판을 기꺼이 받겠다는 것을 보여 준다. 하지만 이스라엘은 그런 가운데 진실한 회개를 할 것이고, 또 주님께서는 그들을 그렇게 징계하시고 책망하신 이후에 빛으로 인도하실 것이다(cf. 시 60:1,9-12). 이스라엘의 왕이요, 만왕의 왕이신 예수 그리스도께서는 하늘에 있는 자신의 처소에서 일어나실 것이고, 이 땅에 다시 내려오셔서 원수들과 대적들을 짓밟으실 것이며, 하늘들과 땅이 창조된 이래로 계획하신 그 위대하고 영원한 왕국을 지상에 세우실 것이다. 이러한 소망이 있기에 인내로 믿음을 끝까지 지켜 낸 이스라엘의 남은 자들은 대환란의 극심한 고난 속에서도 이렇게 담대하게 외칠 것이다. 『**오 내 원수야, 나를 대적하여 기뻐하지 말라. 내가 쓰러진다 해도 일어날 것이요, 내가 어두움 가운데 앉을지라도 주께서는 내게 빛이 되시리라**』(8절).

한편 이스라엘의 원수인 "그녀," 곧 "이세벨"로 예표되는 "신비의 바빌론"인 "큰 창녀," 로마카톨릭은 심판을 받을 것인데(10절, 계 17:1-18) 수치를 입으며 짓밟힐 것이다. 또한 그날에 이스라엘이 회복될 무렵, 성벽이 다시 재건됨으로써(11절) 이스라엘은 영적으로뿐만 아니라 정치적으로도, 또 물리적으로도 회복될 것이다. 아울러 재림하시는 예수 그리스도께서는 『**바다에서 바다까지, 산에서 산까지**』(12절) 그분의 백성들에게로 오실 것이다(나 1:5). 대환란 기간에 황폐해진 땅으로(13절) 오셔서 땅을 회복하시는 것이다. 하지만 12,13절은 "이중적인 적용"이 가능한데, 12절의 그가 "예수 그리스도"가 아닌 "적그리스도로"도 해석이 가능하기 때문이다. 11절에서 "성벽이 세워지는 날," 곧 이스라엘이 1948년에 독립 국가를 세움으로써 정치적으로 회복된 날에 적그리스도가 그 땅으로 와서(12절) 그 땅을 황폐케 하는 것이다(13절).

그래서 이어지는 14절에서는 하나님의 백성인 유대인들이 적그리스도의 박해를 피해 도망쳐서 주님을 통해 부양받는 내용이 나오는 것이다. 『**주의 백성을 주의 지팡이로 먹이소서. 칼멜의 한가운데 삼림 속에서 외로이 거하는 주의**

유업의 양떼를 먹이소서. 옛날처럼 바산과 길르앗에서 그들을 먹이소서.』 하나님께서는 "후 3년 반"인 대환란 기간에 그분의 백성들을 먹이실 것이다. 『**그 여인은 광야로 도망하였는데 그곳에는 그들이 그녀를 일천이백육십 일 동안 부양하도록 하나님께서 그녀를 위하여 마련해 놓으신 곳이 있더라.**』(계 12:6) 고 말씀한다. 기본적으로는 "에돔" 지역의 "셀라"(페트라)에서 백성들을 부양하실 것이지만, 이스라엘의 산지와 삼림 속에서도(14절) 부양하실 것이다. 특히 이런 일들과 관련하여 하나님께서는 『**이집트 땅에서 네가 나오던 날들과 같이 내가 그에게 놀라운 일들을 보여 주리라.**』(15절)라고 말씀하신다. 대환란 기간에는 "출애굽 당시"의 사건들이 일부 재현될 것인데, "백성들을 부양하는 것"과 연관해서 본다면 하나님께서는 "광야에서 하늘에서 내려 주신 것"과 똑같은 "만나"로 그들을 부양하실 것이다(출 16:15, 시 105:40).

한편 이스라엘이 회복되는 날 이방 민족들은 두려우신 주 하나님과 그분의 백성인 이스라엘 앞에 굴복하게 될 것이다(16,17절). 재림 때 이스라엘이 완전히 회복되면서, 이방 민족들은 "하나님께서 함께하시고 드높이실 이스라엘 민족의 능력" 앞에서 부끄러워하게 되고, 이전처럼 이스라엘을 비방하는 입술을 함부로 놀리지 못할 것이며, 그런 비방에 대해서는 자기들의 귀를 틀어막을 것이다. 또한 만왕의 왕이신 예수 그리스도의 발밑에 납작 엎드려 『**뱀처럼 티끌을 핥을**』(17절) 것이고, 이제 곧 재림하시는 "어린양 예수 그리스도의 진노"가 무서워서(계 6:16,17) 그들이 각자 숨어 있던 『**토굴과 산들의 바위틈**』(계 6:15)과 같은 구멍에서 땅의 벌레들처럼 꿈틀거리며 기어 나올 것이다. 그런 가운데 이방 민족들은 하나님을 무서워하되 『**너로 인하여**』(17절), 곧 하나님의 백성인 "이스라엘"로 인하여, 혹은 "어린양이신 예수 그리스도의 진노"로 인하여 두려워할 것이다.

<u>하지만 이스라엘은 완전히 죄를 용서받고 하나님의 자비를 받아 영원히 회복된다</u>. 하나님께서는 이스라엘의 "남은 자들"의 죄과를 간과하시고 그들을 향

해 자비를 베푸시며 분노를 영원히 품지 않으실 것이다(cf. 사 40:1,2). 이스라엘을 향한 하나님의 용서와 자비는 끝이 없을 것이며(렘 31:31-34), 이스라엘은 물리적으로도 정치적으로도 회복될 것이지만 영적으로도 완전히 회복될 것이다. 하나님께서는 백성들의 죄들을 용서할 뿐 아니라 정복하실 것이며, 바다 깊은 곳으로 던지실 것이다. 그리고 아브라함의 언약에 따라 맹세하신대로 이스라엘 백성에게 진리와 자비를 행하실 것이다.

■ 새롭게 깨달았거나 적용할 내용이 있다면 적어 보세요. ■

NOTES

복습 문제 정답

제3과

1. 천년왕국
2. 전쟁
3. 회복
4. 영원한
5. 영적인

제4과

1. 적그리스도
2. 재림
3. 5, 2
4. 물리적
5. 왕국 복음
6. X

제5과

1. 교제
2. 의
3. 대속
4. 사랑
5. 마음
6. 겸손

NOTES

< 추 천 도 서 >

소선지서

피터 S. 럭크만 지음 / 512쪽

20,000원(eBook 14,000원)

초림과 재림을 넘나드는 예언 속에서 성경의 주제인 왕국, 즉 하나님께서 통치하시는 신정 통치 왕국의 교리를 알게 된다.

죽음의 재 같은 땅 이스라엘

피터 S. 럭크만 지음 / 520쪽

25,000원(eBook 17,500원)

역사적으로 가장 수난을 많이 당한 민족임에도 불구하고 여전히 인류 역사의 중심인 이스라엘의 모든 것들을 제시한다.

이스라엘의 회복

피터 S. 럭크만 지음 / 48쪽

3,000원(eBook 2,100원)

이스라엘은 영적으로뿐만 아니라, 민족적으로도 회복될 것이다. 그들은 그들의 땅인 팔레스타인으로 돌아갈 것이다.

예수 그리스도의 재림

클라렌스 라킨 지음 / 126쪽

5,000원(eBook 3,500원)

이 책은 예수 그리스도의 재림에 관해 자세하게 보여 주며, 재림에 관한 온갖 거짓 교리들을 성경적으로 비평한다.

■ 서울솔로몬학교 성경연수원 ■

『네가 진리의 말씀을 올바로 나누어 자신이 하나님 앞에 부끄럽지 않은 일꾼으로 인정받도록 공부하라』(디모데후서 2:15). 오늘날 하나님께서 원하시는 일꾼이 제대로 길러지지 않는 이유는 성경을 공부하지 않기 때문입니다. 본 연수원은 이 나라 교회들이 복음도 제대로 전하지 않고 성경도 체계적으로 가르치지 않는 것을 보고서 하나님의 유능한 인재를 양성하기 위해 아래의 교육과정을 개설했습니다.

▶ **〈킹제임스성경신학교〉 교수진의 정선된 강의와 수준 높은 성경공부 교재로 성경을 쉽고 정확하게 배울 수 있습니다.**

▶ **본 과정을 이수하면 수료증이 수여되고 〈킹제임스성경신학교〉 2학년으로 편입할 수 있습니다.**

1. 모집 대상 : 성경을 공부하기 원하는 남녀노소
2. 교육 기간 : 1박 2일(합숙 가능, 금요일 오후 7시 입소, 토요일 오후 4시 퇴소),
   1일 특강(토요일 오전 10시 입소, 오후 4시 퇴소)
3. 참 가 비 : 8만 원(교재 및 숙식비 포함)
4. 교육 과정

1) 단기 성경연수 과정(1박 2일, 1일 특강)

요한계시록	로마서	마태복음	요한복음	다니엘
사도행전	히브리서	야고보서	베드로전후서	에스겔
갈라디아서	에베소서	빌립보서	골로새서	이사야
고린도전후서	목회서신	창세기	출애굽기	소선지서
데살로니가전후서	여호수아	재판관기	사무엘상하	열왕기상하
성경의 비유들	세대주의	이단연구	적그리스도	이스라엘

2) 주일학교 성경교사 자격증반(1박 2일, 매월 1회 총 12주 과정)
3) 한글킹제임스성경 통독교실(1박 2일)
4) 크리스찬 청소년 리더십 캠프(2박 3일)
5) 크리스찬 청소년 음악 캠프(2박 3일)

※ 각 과정 별로 구령하는 방법을 1시간씩 교육합니다.

www.solomonbtc.org

강화도에 위치한 본 연수원은 동쪽으로는 바다, 서쪽으로는 길상산, 북쪽으로는 호수와 넓은 들이 펼쳐져 있는 최상의 휴식처로서, 등산, 낚시, 트레킹을 할 수 있고, 일천 그루의 잣나무 숲에서 성경을 공부하고 기도하며 쉴 수 있는 최적의 환경입니다. 남녀 생활관에서 합숙이 가능하며, 가족 동반 시 게스트하우스(콘도형 빌라)를 이용할 수 있습니다. 초지대교에서 좌회전 후 4분 거리에 있으며, 지하철 5호선 방화역에서 셔틀 차량이 운행됩니다. 인천광역시 강화군 길상면 장흥로 29-6 / (02) 2665-3743

솔로몬 성경공부 시리즈

미카

이스라엘의 남은 자들을 예언한 미카

초판1쇄 2023년 11월 9일
초판2쇄 2023년 12월 18일
지 은 이 / 편 집 부
발 행 인 / 박 승 용
발 행 처 / 말씀보존학회
출판등록 / 제409-2022-000036호
주 소 / 서울 강서우체국 사서함 제90호
전 화 / (02) 2665 - 3743
팩 스 / (02) 2665 - 3302
인 터 넷 / www.biblemaster.co.kr
판권소유 / 말씀보존학회

잘못된 책은 바꿔 드립니다.

값 10,000 원